JN040175

特別支援学級
担任の
仕事術
100

増田謙太郎 著

明治図書

はじめに

　本書は，特別支援学級担任の「仕事術」にターゲットを絞りました。特別支援学級の理想や理念，あるいは「きれいごと」だけを語るのではなく，実務的に困っている先生方が問題解決を図りやすいように，100の「仕事術」を示しました。

　さて，ひとくくりに「特別支援学級」といわれますが，その実態は多様であり，どの学級も個性的な存在です。

　その多様性をつくり上げている要因は何でしょうか？

　ひとつは，特別支援学級に在籍する子どもたちの多様性です。特別支援学級というと，障害の特性だけがクローズアップされがちですが，子どもの年齢や学年，性別，学級の人数，お互いの人間関係などの多様性も含めて，「どのような教育活動をしていくのか」を考えていくのが特別支援学級担任の仕事です。

　特別支援学級担任の先生方の多様性も見逃してはなりません。長く特別支援学級担任を務められている先生もいれば，初めて特別支援学級担任になった先生もいることでしょう。情熱的に指導するタイプの先生，子どもとの関係性を重視するタイプの先生など，指導のスタイルも異なります。

　多様な子どもや先生の相互作用によって特別支援学級は構成されます。だから，他の学校の実践をそのまま導入してもうまくいかないことが多いのです。

　しかし，最善の解にたどりつくための「仕事術」は存在します。特別支援学級担任の「仕事術」が明らかになれば，より特別支援学級がパワーアップするのではないか。そう願い，本書を構成いたしました。

　なお，終章には，「令和時代の特別支援学級」として，これらの「仕事術」の背景となる考え方についてもまとめました。

【特別支援学級の多様性を踏まえて】

●校種

　地域の小学校または中学校に併設されています。そこが，特別支援学校との大きな違いです。

●対象となる子どもの障害

　「知的障害」「肢体不自由」「病弱・身体虚弱」「弱視」「難聴」「言語障害」「自閉症・情緒障害」といった障害ごとに，特別支援学級は設置されています。

　例えば，知的障害者を対象とする特別支援学級は「知的障害特別支援学級」「特別支援学級（知的）」などと表記されます。

●学籍の有無

　ここが「通級による指導」との大きな違いです。「通級による指導」を受けている子どもたちは，在籍する学校に学籍があります。

　特別支援学級の子どもは，その設置されている学校に学籍があります。つまり，その学校の子どもです。

　ちなみに「通級による指導」との区別をするために「固定学級」などといわれることがあります。

　この３つの組み合わせが，特別支援学級の基本的な性格を決定します。

　本書では，校種は「小学校」，対象となる子どもの障害は「知的障害」，学籍は「固定学級」。すなわち「小学校特別支援学級（知的固定）」の「仕事術」について事例を交えながら解説していきます。

　しかし，解説する事例は異なっても，「仕事術」そのものは，この組み合わせ以外の特別支援学級においても参考になると思います。

もくじ

はじめに

1章　教育課程の仕事術

仕事術

01 教育課程は，学級としての方針を明確にする／02 教育課程では，教育目標，年間行事予定，授業時数をチェックする／03「個別の指導計画」の前に，「年間指導計画」を作成する／04「年間指導計画」は，もともと存在するものをアレンジしながら作成する／05 これまでの「個別の指導計画」を根本的にチェンジする／06 年間指導計画をもとに，学習の「方法」と「内容」を調整・変更する／07「個別の教育支援計画」の主語は「教師」にする／08「個別の教育支援計画」は，自立活動の視点を取り入れる／09 クラス編制は，学年がなるべくそろうようにする／10 グループ編成は，場に応じていろいろつくる／11 教科書選定に正解を求めない／12 授業用に「学級図書」として数冊購入する／13 通常の学級の教師と「個別の指導計画」を共有する／14 子どもの安全管理について検討する

2章　教科指導の仕事術

仕事術

15 国語科は，言葉や視点が広がるようにする／16 国語科は，「文章の読みやすさ」と「発問のわかりやすさ」を工夫する／17 算数科は，多様な学習の「方法」を用意する／18 算数科は，「合理的配慮」と「特別支援教育」の両方の視点をもつ／19 理科は，既存のまとめ方にこだわらない／20 理科は，対象物を見やすくすることを考える／21 地理的分野は，子どもがよく知っている「身近なもの」について「問い」を重ねる／22 歴史的分野は，「昔と今の変化」に着目する／23 体育科は，同じ運動でも，バリエーションを増やしながら行う／24 体育科は，ゲームのルールを弾力化・簡素化する／25 音楽科は，楽器や楽譜を子どもが使いやすいものにする／26 音楽科は，子どもの優位な特性を生かした「リズム」の指導をする／27 図画工作科は，発達段階に応じた合理的配慮をする／28 図画工作科は，「手順」と「動線」を構造化する／29 家庭科は，5・6年生を対象に個別の学習課題を設定する／30 家庭科は，既存の製作活動の目標を調整・変更する／31 道徳科は，「日常的によく使われる」道徳的価値のある言葉を学ぶ／32 道徳科は，子どもの実態に応じたワークシートを用意する／33 外国語活動・外国語科は，「good!」をたくさん言えるようにする／34 外国語活動・外国語科は，いろいろな教材を作成する／35 生活単元学習・総合的な学習の時間は，その違いをもとに授業づくりをする／36 総合的な学習の時間は，「教育課題」との関連を図る／37 係活動は，様々なバリエーションを用意する／38 学級会は，教師が話し合いを促進させる

3章　教科指導以外の仕事術

仕事術

39 自立活動は，個々の子どものアセスメントに使用する／40 自立活動は，どのような授業でも行っていく／41 交流及び共同学習は，必要な支援体制を確認する／42 交流及び共同学習は，既存の活動からできるものを増やしていく／43 毎日の活動だからこそ，子どもたちの意欲を高める／44 毎日の活動は，自立活動や教科等の学習と関連させる／45 日常生活の指導は，そのスキル獲得に応じた支援を考える／46 日常生活の指導は，特設する場合，様々な条件をクリアする

4章　授業づくりの仕事術

5章 特別活動の仕事術

6章 子ども理解の仕事術

仕事術

65 知的障害の子どもには，基本的に年齢相応のかかわりをする／66 知的障害の子どもには，「言葉」を具体化していく／67 社会性の指導は，具体的な解決方法を導いていく／68 子どものこだわりには，先生自身がこだわらないようにする／69 行動面の指導は，「事前に確認する」ことを基本とする／70 感情面の指導は，まず気持ちを受け止める／71 学習面の指導は，子どもの特性に応じた方法を考える／72 高次脳機能障害の子どもには，気持ちと結びつけた方法を考える／73 過敏さのある子どもと，乗り越えるためのアイデアを一緒に考える／74 鈍感さのある子どもには，いろいろな感覚を総合的に活用できるようにする

7章　学級経営の仕事術

75 教育環境は「この教室で勉強したい！」と思えるようにする／76 学習が進みやすい机の配置にする／77 スタッフ間の情報共有のために「学級運営マニュアル」を作成する／78 スタッフ間の情報共有のために，打ち合わせの時間設定を工夫する／79 学年はじめの保護者会は，前向きなあいさつをする／80 保護者とつながるために，連絡帳を工夫する／81 学級だよりは，家庭が見通しをもてるようにする／82 保護者向け「学級ガイド」を作成する／83 転学対応は，子ども，保護者，これまでの担任，それぞれを支援する／84 転学対応は，保護者の気持ちに寄り添う／85 関係諸機関とつながり，子どもの情報を収集して，指導や支援の質を高める／86 関係諸機関には，先方が動きやすくなるような正確な情報を提供する／87 スクールカウンセラー（SC）には，気軽に学級に立ち寄ってもらう／88 スクールソーシャルワーカー（SSW）とは家庭の情報交換を綿密にする／89 子どもの情報を，一覧にしてまとめる／90 情報管理の方法を適切に定める／91 入学対応は，必要であれば保護者と面談をする／92 卒業対応は，卒業学年に手厚く対応できる体制を整える

8章 特別支援学級ならではの仕事術

93 忘れられる「あるある」に負けない！／94 特別支援学級側から，「聖域」をつくらない／95 地域にある他の特別支援学級と，お互いに授業参観の機会をつくる／96 地域にある他の特別支援学級の初任者教師，主任級教師とのネットワークを構築する／97 特別支援学級の理解は，子どもにとって楽しい交流体験をもとに進める／98 大人への特別支援学級の理解は，「見てもらうこと」プラス「説明をする」／99 校内研究会は，特別支援学級も参加できる方法を探っていく／100 特別支援教育の研究に積極的に取り組んでいく

終章　令和時代の特別支援学級

おわりに

参考文献

1章

教育課程の仕事術

■教育課程を作成する方法
■年間指導計画を作成する方法
■「個別の指導計画」を作成する方法
■「個別の教育支援計画」を作成する方法
■クラス編制・グループ編成をする方法
■教科書を選定する方法
■通常の学級の授業に参加する方法

教育課程を作成する方法

仕事術 01　教育課程は，学級としての方針を明確にする

　特別支援学級は「特別の教育課程」を定めることになっています。つまり，学校全体の教育課程とは別に，特別支援学級としての教育課程を編成しなければなりません。

　教育課程とは，簡単にいえば，「子どもたちが何を学校で学ぶのか」を示したものです。したがって，特別支援学級の教育課程とは，「子どもたちが何を特別支援学級で学ぶのか」を示したものといえます。

　特別支援学級では，一人一人の子どもの実態が異なります。一人一人の実態が異なるのに，「子どもたちが何を特別支援学級で学ぶのか」の具体を教育課程だけで表すことは不可能です。

　まず，教育課程は，学級としての方針を大枠的に示すものと理解しておくとよいでしょう。

　そして，教育課程を受けて，何をいつ行うかの「年間指導計画」や，その子どもは何をどのように行うかの「個別の指導計画」「個別の教育支援計画」を作成していくことになります。

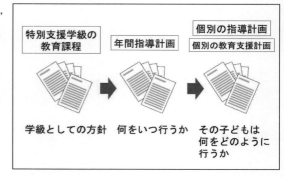

12

教育課程では，教育目標，年間行事予定，授業時数をチェックする

　学級としての方針の大枠的なものとして，教育目標，年間行事予定，授業時数があります。前年度のものと全く同じでよいとも限りません。毎年，必ずチェックしましょう。

●教育目標

　チェックのポイントは，学校全体の教育目標と，特別支援学級の教育目標に整合性があること。お互いに関連し合っているかどうかです。

●年間行事予定

　学校全体の年間学校行事予定をもとにして，特別支援学級の年間行事予定を作成していきます。宿泊活動など，特別支援学級だけの行事がある場合には，学校全体の年間行事予定に反映してもらったり，前後の行事を調整してもらったりしなければなりません。

●授業時数

　標準時数を基本として，細かな調整をすることになります。

　特別支援学級では，生活単元学習など「各教科等をあわせた指導」を設定することがあります。これを設定している場合は，標準時数の通りにはなりません。各教科の授業時数を少しずつ減らして，調整していくことになります。

　調整の際のポイントは，特定の教科だけ授業時数が突出して多かったり，あるいは極端に少なかったり，全く行わなかったりすることのないようにします。全体的なバランスが大切です。

年間指導計画を作成する方法

仕事術 03 「個別の指導計画」の前に，「年間指導計画」を作成する

特別支援学級では，すべての子どもについて，「個別の指導計画」を作成しなければなりません。

「個別の指導計画」の作成は，子どものために必要とはいえ，負担がかかる仕事のひとつです。

なぜ，「個別の指導計画」の作成は負担がかかる仕事なのでしょうか。

これは盲点なのですが，「個別の指導計画」ばかりがクローズアップされていて，「年間指導計画」の作成をないがしろにしていることが原因です。

「年間指導計画」とは，国語科や算数科などの教科の授業で，「何月には何の単元を行うか」を明確にしたものです。「年間指導計画」が作成されていても活用されていない，あるいは，毎年同じ年間指導計画のままになっている，ということも多いのではないでしょうか。

実は，学級の「年間指導計画」がしっかりと作成されてさえいれば，「個別の指導計画」は，それほど負担が大きくなりません。それでは，「年間指導計画」と「個別の指導計画」の関係性を見ていきましょう。

通常の学級にいる「特別な支援が必要ではない子ども」は，「年間指導計画」が，実質的に「個別の指導計画」と同じ意味をもちます。「年間指導計画」の通りに学習を進めることができるわけですから，「個別の指導計画」を作成する必要はないわけです。

では，通常の学級にいる「特別な支援が<u>必要</u>な子ども」はどうでしょうか。「年間指導計画」をもとに行われる授業に何らかの支援がないと学習が困難になることが予想されます。言い換えると，「年間指導計画」に，何らかの調整・変更が必要だということです。具体的に何を調整・変更するのかを明らかにするものが，「個別の指導計画」なのです。

　この考え方は，特別支援学級でも，基本的には同じです。
　まず，特別支援学級に在籍する子どもで，「年間指導計画の通りに学習<u>できる</u>子ども」。年間指導計画の通りに学習できるのですから，この子どもの「個別の指導計画」は，「年間指導計画」と同じになるはずです。特別支援学級では，「個別の指導計画」の作成は義務化されていますので，「年間指導計画」を「個別の指導計画」にそのまま反映すればよいのです。これなら，「個別の指導計画」作成の負担が大きく減ります。

特別な支援が<u>必要ではない</u>子ども
年間指導計画の通りに学習を進めることができるため，「個別の指導計画」は必要なし

通常の学級

特別な支援が<u>必要な</u>子ども
年間指導計画を調整・変更するために「個別の指導計画」が必要

年間指導計画の通りに学習<u>できる</u>子ども
もし年間指導計画通りにできるなら，「個別の指導計画」にそのまま反映できる

特別支援学級

年間指導計画の通りに学習<u>できない</u>子ども
年間指導計画を調整・変更したものを「個別の指導計画」に反映する

次に、「年間指導計画の通りに学習できない子ども」。この場合は、「年間指導計画」の内容に、何らかの調整・変更が必要になります。

　例えば、「年間指導計画」では、4月の国語科で「語のまとまりに気をつけて音読する」ことを行うことになっているとします。

　「音読が難しい」Aさんには、何らかの支援が必要となってきます。Aさんが音読できるようにするために、「教科書にスラッシュを入れる」という支援が必要であれば、それを「個別の指導計画」に明記することになります。「教科書にスラッシュを入れたものを音読する」ということは、言い換えれば、Aさんが「年間指導計画」の学習内容を行うために、個別に調整したものであり、「個別の目標」となります。

　このように、「個別の指導計画」を「年間指導計画を調整・変更したもの」とみなすことで、これらの計画に整合性が生まれると同時に、作成の負担も大きく減るのです。

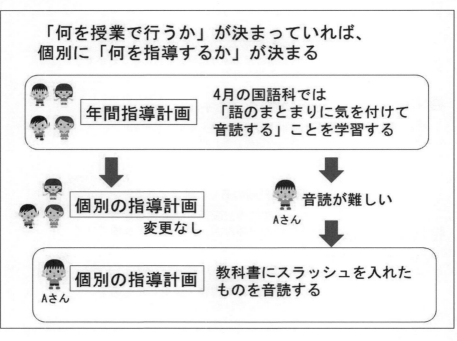

仕事術 04　「年間指導計画」は，もともと存在するものをアレンジしながら作成する

　そうはいっても，今度は「年間指導計画」の作成が，途方もない作業のように思われます。

　障害の程度も特性も多様な子どもたちが集まる特別支援学級において，「年間指導計画」はどのように作成したらよいのかを見ていきましょう。

●授業の「集団」に応じて作成する

　通常の学級の「年間指導計画」は，学年ごとに1種類だけでことたります。習熟度別クラス編制をしていたとしても，どのクラスでも学習内容は同じだからです。

　しかし，特別支援学級の中でのAグループとBグループでは，学習内容が異なることがほとんどでしょう。

　だから，小グループに応じて「年間指導計画」を作成することが必要です。

　国語科の授業を2つのグループに分けて行っている場合は，それぞれのグループごとに「年間指導計画」を作成します。つまり，学級としては2種類の国語科年間指導計画を作成することになります。

　教科によっては，クラス全体で授業を行っていることもあります。その場合は，

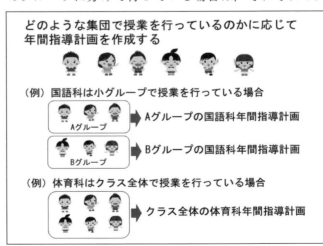

どのような集団で授業を行っているのかに応じて
年間指導計画を作成する

（例）国語科は小グループで授業を行っている場合

Aグループ　➡　Aグループの国語科年間指導計画

Bグループ　➡　Bグループの国語科年間指導計画

（例）体育科はクラス全体で授業を行っている場合

➡　クラス全体の体育科年間指導計画

クラス全体の「年間指導計画」を作成します。体育科をクラス全体で行っているならば，学級としては１種類の体育科年間指導計画があればよいのです。

●通常の学級で使用されている年間指導計画をベースに

　しかし，そんなに何種類もの「年間指導計画」を作成しなければならないとなると，大きな負担を感じてしまいます。ここで，作成の「仕事術」をご紹介します。

ステップ１　同じ学校の通常の学級の「年間指導計画」を用意する

　これは「たたき台」として使用します。

ステップ２　行う単元，行わない単元を取捨選択する

　通常の学級と同じようにすべての単元はできません。
　そのグループの子どもたちが行える単元をチョイスします。

ステップ３　行う単元については，時間数を調整する

　そして，その単元にかかる時間を，独自に設定していきます。

　ゼロベースから作成するのではなく，もともと存在する「年間指導計画」をアレンジするということが，「年間指導計画」作成の仕事術です。

　グループによっては，通常の学級のレベルが難しい場合もあります。その際は，特別支援学校の学習指導要領や，星本（☆本）といわれる教科書を参考に作成するとよいでしょう。
　例えば，通常の学級の小学１年生の「年間指導計画」をベースに，特別支援学級の小グループ用に調整・変更すると，以下のような「年間指導計画」となります。

月	単元	知識及び技能	思考力・判断力・表現力等
年間を通して	文字を書く【ひらがな・カタカナ・漢字】	・ひらがな・カタカナ・漢字を書き順に気をつけて書くことができる	
4月	あさのおひさま	・身近なことから必要なことを思い出して話すことができる	
	はなのみち		・場面の様子や登場人物の行動など，内容の大体を捉えることができる（C　読むこと）
5月	ぶんをつくろう		・語と語や文と文との続き方に注意しながら，内容のまとまりがわかるように書き表し方を工夫することができる（B　書くこと）
	ねことねっこ	・促音の使い方がわかる	
	わけをはなそう	・経験したことを伝えることができる	
6月	おばさんとおばあさん	・長音の使い方がわかる	
	くちばし		・鳥について説明した文章を読み，わかったことや考えたことを述べる（C　読むこと）
7月	おもちゃとおもちゃ	・拗音の使い方がわかる	
	おもいだして話そう		・経験したことから話題を決め，話すことができる（A　話すこと・聞くこと）
	おおきくなった		・経験したことから書くことを見つけ，必要な事柄を集めたり確かめたりして，伝えたいことを明確にすることができる（B　書くこと）
8・9月	なつやすみのことをはなそう		・身近なことや経験したことを話すことができる（C　話すこと）
	おむすびころりん		・場面の様子や登場人物の行動など，内容の代替を捉えることができる（C　読むこと）
	は・を・へをつかおう	・助詞の「は・を・へ」の使い方がわかる	
	すきなもの，なあに		・自分の思いや考えが明確になるように，事柄の順序に沿って簡単な構成を考えることができる（B　書くこと）
10月	おおきなかぶ		・場面の様子や登場人物の行動など，内容の大体を捉えることができる（C　読むこと）
	ほんはともだち		・学校図書館などを利用し，図鑑や科学的なことについて書いた本を読むことができる（C　読むこと）
11月	かたかなをみつけよう	・カタカナを読み，書くこととともに，カタカナで書く語の種類を知り，文や文章の中で使うことができる	
	うみのかくれんぼ		・海の生物を説明した文章を読み，わかったことや考えたことを述べることができる（C　読むこと）
12月	かずとかんじ	・漢字を読み，書き，文や文章の中で使うことができる	
	くじらぐも		・場面の様子や登場人物の行動など，内容の大体を捉えることができる（C　読むこと）
1月	しらせたいな，見せたいな		・経験したことから書くことを見つけ，必要な事柄を集めたり確かめたりして，伝えたいことを明確にすることができる（B　書くこと）
	かん字のはなし	・漢字を読み，書き，文や文章の中で使うことができる	
2月	じどう車くらべ		・文章を読んでわかったことを伝え合うことができる（C　読むこと）
3月	ともだちに，きいてみよう		・互いの話に関心をもち，相手の発言を受けて話をつなぐことができる（A　話すこと・聞くこと）

「個別の指導計画」を作成する方法

 これまでの「個別の指導計画」を根本的にチェンジする

　子どものことをよく知らずに作成した「個別の指導計画」や，何の根拠もなく書いた「個別の指導計画」が，残念ながら多く見られます。

【意味のない「個別の指導計画」になってしまう原因】

新年度の早い時期に「個別の指導計画」を作成しなければならない

　異動してきたばかりで，子どもの実態もわからないうちに作成しなければならないのです。

　１年生は，まだ子どもの実態もよくわからないうちに作成しなければならないのです。

　結局は，特別支援学級担任がよく子どもの実態を把握できないうちに作成しなければならない状況が多いと思います。

　このような実態を踏まえたうえで，これまでの「個別の指導計画」の作成の仕方を根本的にチェンジしていきましょう。

仕事術 06 年間指導計画をもとに，学習の「方法」と「内容」を調整・変更する

まず，年間指導計画をもとにして，「個別の指導計画」を作成していくという手順を確認します。年間指導計画に加えた何らかの調整・変更を具体的に示したものが「個別の指導計画」になります。

●学習の「方法」について調整・変更する
（アコモデーション accommodation）

学習の「方法」の調整・変更とは，学習の目標を達成するために，その子どもにどのような支援を行うかということです。いわゆる「手だて」です。

【学習の「方法」の調整・変更例】

・板書を書き写すことが難しい子どもには，板書を写真撮影してもよいようにする

・鉛筆で文字を書くことが難しい子どもには，タブレットで文字入力できるようにする

・計算ができない子どもには，電卓を使ってもよいようにする

ポイントは，年間指導計画で示された学習目標は変更しないけれども，何も支援がない状態では学習目標の達成が難しいので，学習の「方法」を調整・変更するということです。

学習の「方法」の調整・変更は，アコモデーション（accommodation）と呼ばれます。

●学習の「内容」について調整・変更する
（モディフィケーション modification）

学習の「方法」の調整・変更だけでは対応できないこともあります。その場合は，「内容」の調整・変更を検討します。

例えば，算数科の「2位数のたし算のひっ算」の授業で，まだそれが難しいAさんの場合は，「1位数のたし算のひ

算数科　年間指導計画

【内容】たし算のしかたを考えよう（たし算のひっ算）
【目標】2位数の加法計算について、筆算で計算できる。

　Aさんは、この目標では難しい

Aさんの「個別の指導計画」　算数科

【内容】たし算のしかたを考えよう（たし算のひっ算）
【目標】1位数の加法計算について、筆算で計算できる。

目標の調整・変更（モディフィケーション）

っ算」を目標にするということが，「内容」の調整・変更です。

また，一人一人の実態に応じた自立活動の「内容」を授業に取り入れることが特別支援学級では必要です。一人一人に応じた自立活動の目標の設定も，「内容」の調整・変更にあたります。

学習の「内容」の調整・変更はモディフィケーション（modification）と呼ばれます。

「個別の指導計画」の作成に必要なのは，年間指導計画をアコモデーションとモディフィケーションの2つの視点で調整・変更していくことです。

「年間指導計画」から「個別の指導計画」への
調整・変更の2つの視点

学習の方法	学習の内容
アコモデーション accommodation	モディフィケーション modification
・学習目標は変更しない ・学習方法（手だて）を工夫する	・学習目標を調整・変更する ・自立活動の目標を立てる

この2つの視点があると，作成の道筋が見えやすくなります。作成も短時間で行うことができます。そして，実際に意味のある「個別の指導計画」になっていきます。

＊＊＊＊学級　個別の指導計画　令和＊年度＊学期

＊＊＊＊＊（＊年）

学習の方法の調整・変更
（アコモデーション）

	目標・内容の変更・調整	手だて	評価
国語	年間指導計画と同様の内容で行う	**インタビューなどは，心理的な負担を減らすため，友達同士の活動は，教師と行うようにする**	校内の先生方に，インタビューをすることができました
算数	**2位数の加法計算について，「ひっ算」は扱わない**	**タブレットにて，本人のペースで進める**	タブレットを使用し，本人のペースで進めることができました
社会	年間指導計画と同様の内容で行う	特に配慮事項なし	日本の地理について，興味をもった様子が見られました
理科	今学期は「植物の発芽と成長」を中心に行う	教科書をもとにして，自分で課題を設定して，課題解決学習を行う	「植物が大きく成長していくためには何が必要か」というプレゼンを作成し，発表することができました
音楽	通常の学級の年間指導計画に準ずる	交流学級で行う	交流学級では難しかったため，2学期からは学級で行うことにします
図画工作	年間指導計画と同様の内容で行う	特に配慮事項なし	本人の一番好きな時間となっています
家庭	年間指導計画と同様の内容で行う	調理の学習は，個別で行う	家庭生活への興味・関心が見られるようになりました
体育	水泳は，通常の学級の年間指導計画に準ずる	水泳は，交流学級で行う	ハードル走は，本人の希望により行いませんでした
外国語	通常の学級の年間指導計画に準ずる	交流学校で行う	アルファベットは，形に着目して覚えるようにしました
道徳	年間指導計画と同様の内容で行う	特に配慮事項なし	人のあやまちや失敗について，実例を挙げて理解することができました
総合的な学習の時間	年間指導計画と同様の内容で行う	特に配慮事項なし	地域の自然環境について調べることができました

学習の内容の調整・変更
（モディフィケーション）

自立活動		
目標・関連する内容	手だて	評価
・大きな音や騒がしいところが苦手なので，自ら刺激の調整をすることができる　　　　1(4)	・自分から別の場所に移動したり，音量の調整を他者に依頼したりすることができるようにする	・教師にことわってから別室に移動することができるようになりました
・特定の場所（交流学級）において緊張が高まるため，安心して対話的な学習に参加するための方法がわかる　　　　2(2)	・選択肢の提示や筆談などの方法を取り入れる	・筆談は，本人も安心して参加できる方法であると理解できました

「個別の教育支援計画」を作成する方法

仕事術 07 「個別の教育支援計画」の主語は「教師」にする

　「個別の指導計画」と「個別の教育支援計画」。この2つの書類の違いは，わかりにくいものの代表格です。

　端的にいえば，この2つの書類は目標の「主語」が異なるのです。

【目標の「主語」の違い】

・「個別の指導計画」の，目標の主語は「子ども」

・「個別の教育支援計画」の，目標の主語は「大人（支援者）」

　「個別の指導計画」は，先ほど見てきたように，基本的には教科の学習において年間指導計画を調整・変更するものでした。すなわち，子どもが，授業で何を目標として学習するのかを明確にするものです。

　教科の学習をするのは，もちろん子どもです。だから，目標の主語は「子ども」になります。

　一方，「個別の教育支援計画」は，子どもが何かを達成するために，教師（支援者）がどのような支援をするのかについて明確化する書類です。だから，支援を行う教師が主語となります。

　「個別の教育支援計画」の【目標】欄は，「（子どもが）〇〇するために（教師が）××する」が基本文型となります。「〇〇」は，子どもに達成してほしいこと。「××」は，教師（支援者）が支援する方向性について記述し

ます。

　これを踏まえると，例えば，以下のような記述になります。

【文型の違い】
・「個別の指導計画」の文型例
　「かけ算九九を覚えることができる」
・「個別の教育支援計画」の文型例
　「かけ算九九を覚えるために，視覚的支援を用いる」

仕事術 08 「個別の教育支援計画」は，自立活動の視点を取り入れる

　特別支援学級では，次のような子どもの困難さが見られることがあります。

【よくある特別支援学級の子どもの障害による困難】
・日常生活に必要な生活のリズムが整っていない
・自分の気持ちをコントロールすることが難しい
・友達との関係が難しい
・周囲の状況から判断して行動することが難しい
・日常生活や作業に必要な動作が難しい
・コミュニケーションをとるのが難しい

　このような子どもの困難は，一朝一夕に改善するものではありません。長期間にわたって，先生や周りの大人が適切に支援していくことが改善につながっていきます。

この支援を考える際のヒントは，ズバリ「自立活動」です。

「自立活動」では，障害による学習上または生活上の困難を改善・克服するために必要な視点を，6つの区分で整理しています。

【自立活動の6つの区分】

1　健康の保持

2　心理的な安定

3　人間関係の形成

4　環境の把握

5　身体の動き

6　コミュニケーション

この6つの区分を，先ほどの【よくある特別支援学級の子どもの障害による困難】に当てはめてみましょう。

【よくある特別支援学級の子どもの障害による困難＋自立活動】

・日常生活に必要な生活のリズムが整っていない→1　健康の保持

・自分の気持ちをコントロールすることが難しい→2　心理的な安定

・友達との関係が難しい→3　人間関係の形成

・周囲の状況から判断して行動することが難しい→4　環境の把握

・日常生活や作業に必要な動作が難しい→5　身体の動き

・コミュニケーションをとるのが難しい→6　コミュニケーション

自立活動の学習指導要領解説（「特別支援学校教育要領・学習指導要領解説　自立活動編（幼稚部・小学部・中学部）」2018年）には，これらの内容ごとに支援の例示が記載されています。例えば，「4　環境の把握」には，知的障害のある子どもへの支援例が記載されています。

知的障害のある幼児児童生徒の場合，概念を形成する過程で，必要な視覚情報に注目することが難しかったり，読み取りや理解に時間がかかったりすることがある。そこで，興味・関心のあることや生活上の場面を取り上げ，実物や写真などを使って見たり読んだり，理解したりすることで，確実に概念の形成につなげていくよう指導することが大切である。

　この記述を参考に，基本文型「○○するために××する」にしたがって記述すると，以下のようになります。

子どもの困難さの様子

　必要な視覚情報に注目することが難しかったり，読み取りや理解に時間がかかったりする。

「個別の教育支援計画」の目標

　必要な視覚情報に注目できるようにするために，興味・関心のあることや生活上の場面を取り上げたり，実物や写真などを使ったりする。

　いかがでしょうか。この仕事術があれば，作成も比較的容易になりますし，質の高い「個別の教育支援計画」の作成が可能になるはずです。

クラス編制・グループ編成をする方法

クラス編制は,
学年がなるべくそろうようにする

　特別支援学級は「公立義務教育諸学校の学級編制及び教職員定数の標準に関する法律」によって,小・中学校ともに1学級の人数は「8人」と定められています。

　3学級程度のある程度規模の大きいところもあります。このような特別支援学級では,クラス編制をどのようにするかで悩むこともあるでしょう。小学校では,同じクラスに異なる学年の子どもがいるクラスを編制せざるを得ないこともよくあります。

　人数に偏りがあったとしても,なるべく学年がそろうようにクラス編制する方が,メリットが多いです。

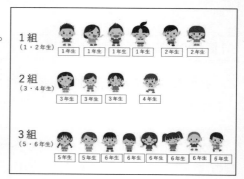

1組
(1・2年生)
1年生 1年生 1年生 1年生 2年生 2年生

2組
(3・4年生)
3年生 3年生 3年生 4年生

3組
(5・6年生)
5年生 5年生 6年生 6年生 6年生 6年生 6年生 6年生

【学年がそろっているクラス編制のメリット】
・通常の学級との「交流及び共同学習」が,スムーズになる
・下校時間をクラスごとに,ある程度そろえることができる
・保護者にもなぜこのようなクラス編制なのかを説明しやすい

仕事術 10 グループ編成は，場に応じていろいろつくる

効果的に教育活動を進めていくためには，クラス単位での学習活動だけではなく，多様なグループを編成していくとよいでしょう。

●国語科・算数科は習熟度別グループ

通常の学級と大きく異なるのは，同じ学年の子どもだからといって，習熟度がそろっているとはいえないところです。その傾向が大きいのが，国語科と算数科です。国語科・算数科の学習を進めていくためには，子どもの習熟度がある程度そろっているグループを編成した方が，効果的な学習が期待できます。

特別支援学級では，クラスの中で習熟度別のグループをつくることもありますし，クラスの枠を超えて習熟度別のグループをつくることも可能です。

●生活経験を豊かにする異学年グループ

特別支援学級では，学年の枠を超え，様々な友達と協働する学習活動を設定すると，子どもたちの学びが深まることが期待できます。例えば，班活動，学校行事等，その目的や内容に応じて，異学年で構成されるグループを設定していくとよいでしょう。

また，高学年と低学年の子どもの「ペア」を決めておくのもおすすめです。例えば，朝会のときに整列したり，並んで歩いたりする場面で，高学年の子どもが，低学年の子どもをお世話するような場面をつくることができるようになります。優しくお世話をしてもらった経験のある子どもが高学年になったときに，今度はお世話する側に回ると，優しくお世話ができるようになることが多いです。

教科書を選定する方法

教科書選定に正解を求めない

　教科書の選定は，特別支援学級担任ならではの悩みがあります。

　まずは，特別支援学級の教科書の仕組みから，見ていきましょう。

　学校教育法附則第９条の規定により，特別支援学級の教科書は次の４つの
パターンから選ぶことができます。

---

①子どもの学年と同じ検定教科書

　通常の学級と同じ教科書です。

②子どもの学年とは異なる検定教科書

　例えば，２年生の子どもでも，１年生の検定教科書を選定するという
ことが可能です。

③文部科学省著作教科書

　いわゆる☆本（ホシボン）というものです。現在は，国語科，算数・
数学科，音楽科で，☆本が発行されています。

④一般図書

　図鑑や絵本などの一般図書を教科書とすることも可能です。

　この４つの選択肢からどれを選んだらよいのでしょうか。それぞれのメリ
ットとデメリットを見てみましょう。

	メリット	デメリット
①子どもの学年と同じ検定教科書	・違和感はない ・交流で使用できる	・子どもの理解度に合っていないことが多い
②子どもの学年とは異なる検定教科書	・子どもの実態に合わせることができる	・実際の学年と異なるところに違和感を感じやすい
③文部科学省著作教科書	・特別支援学校段階の子どもはふさわしい	・種類が少ない ・見本が入手しにくい
④一般図書	・子どもが興味をもちやすい	・内容が偏ってしまう ・教科書として認知されにくい

　これらのメリット・デメリットを勘案したうえで，学級の実態に応じて選定します。どれがよいか正解はありません。

　ちなみに，筆者は①に大きなメリットを感じます。なぜなら，教科書を「交流及び共同学習で使用できる」ことが一番のメリットと考えるからです。逆に④にはメリットを感じません。「何でもあり」になるからです。

仕事術 12　授業用に「学級図書」として数冊購入する

　①を選択した場合にも課題はあります。特別支援学級では，異学年の集団で授業を行うことが多いので，子どもが持っている教科書の学年がバラバラということになりがちです。

　これを解決する荒ワザがあります。子どもに支給される教科書とは別に，検定教科書を，学級図書として数冊購入し，教室に常備しておくのです。授業時には，学級図書を子どもに貸し出します。

通常の学級の授業に参加する方法

仕事術 13 通常の学級の教師と「個別の指導計画」を共有する

　子どもによっては，教科学習の授業を，通常の学級で受けることがあるでしょう。

　しかし，通常の学級の子どもたちと全く同じように授業に参加できるかというと，それは難しいことが多いです。

　特別支援学級の子どもは，何らかの支援が必要となります。学習の方法や内容の調整・変更です。学習の方法や内容について調整・変更したものを，「個別の指導計画」に明記していきます。(「『個別の指導計画』を作成する方法」をご参照ください)

　そして，忘れてはならないことは，その「個別の指導計画」を，授業者である通常の学級の先生と共有することです。

　共有することによって，授業者である通常の学級の先生も，その子どもに対して，何をどのように指導したり，支援したりすればよいかがわかるようになります。

　また，学習の評価についても，「個別の指導計画」はツールとなります。基本的には，通常の学級と同様の評価規準・評価基準が適用されます。しかし，学習の方法や内容を調整・変更した場合は，その所見を文章で「個別の指導計画」に記入することになります。おそらく，特別支援学級の子どもの場合は，「個別の指導計画」で評価していくことが多くなるでしょう。

子どもの安全管理について検討する

　特別支援学級の子どもが，通常の学級の授業に参加するには，特に子どもの安全管理について考えます。具体的にいえば，つきそいの大人が必要かどうかを検討することになります。

●特別支援学級担任がつきそわない場合

　授業についていけるかどうかも大切ですが，安全管理上，ひとりで，通常の学級の教室への行き帰りができるかどうかがポイントです。

　特別支援学級担任がつきそわなくても，非常勤の指導員やボランティアにつきそってもらうという方法も考えられます。安全管理上の面だけであれば，ボランティアのスタッフでも，対応可能な場合は多いと思います。

　ちなみに，すべての授業を通常の学級で受ける場合は，必要な支援体制をとることが必要です。それがないと，特別支援学級としては，不適切な状況とみなされてしまいます。

●特別支援学級担任がつきそう場合

　安全管理の面はクリアできます。

　しかし，よく見られる光景として，特別支援学級担任が，その子どものそばに，ただ座っているだけというようなことがあります。これは，無駄な仕事と言わざるを得ません。

　授業者と特別支援学級担任が事前に打ち合わせをして，役割分担を確認しておくとよいでしょう。特別支援学級担任が，サブティーチャーとして授業にかかわることができるようにしていくと，他の子どもたちにとっても手厚い支援が可能となります。

Column
ネーミングから見る特別支援教育

「特別支援教育」というネーミング。

これは，ネーミング的に秀逸だったと思います。それ以前の「心障教育」とか「特殊教育」とか呼ばれていたこのジャンルが大きく変わったのはネーミングのおかげかもしれません。「特別支援教育」というネーミングによって，人々の関心が集まり，すそ野が広がり，かかわる人も増えていったと見ることもできます。

ここでは，ネーミングについて考えてみましょう。一般的に，人々の共感を生むネーミングは，パッと認知されていきやすくなります。

ネーミングという視点で，特別支援教育に関連するキーワードを，いくつか評価していきましょう。

「合理的配慮」は，ネーミング的にはあまり芳しくない印象です。「ご」から始まるからでしょうか。「ご」のG音から始まるのは，ゴジラとかガンダムとか，剛田武（ドラえもんのジャイアン）とか。強そうなイメージで，母性をあまり感じないですね。合理的配慮のような寄り添った支援には，やはり母性の雰囲気が必要なのかもしれません。

同じG音始まりでは，ずば抜けた素質をもつとされる「ギフティッド」や「学習障害」も同様ですね。「学習障害」よりは「LD」の方がなんとなく受け入れやすいのは，語感の問題なのかもしれません。G音は，特別支援教育ジャンルと相性が悪いようです。

ネーミング成功例を見てみましょう。ひと一倍敏感な人を表す「HSP（HSC）」は，ポジティブに世間で注目されました。HSPは文字的にも，語感的にも，スマートな印象を与えますね。

民間に目を向ければ，支援事業を展開している「LITALICO（りたりこ）」という会社。語感的にかわいさ，知的さを感じますね。顧客層である若いお母さん方の心をつかむネーミングなのでしょう。

2章

教科指導の仕事術

■国語科の授業づくりの方法

■算数科の授業づくりの方法

■理科の授業づくりの方法

■社会科の授業づくりの方法

■体育科の授業づくりの方法

■音楽科の授業づくりの方法

■図画工作科の授業づくりの方法

■家庭科の授業づくりの方法

■道徳科の授業づくりの方法

■外国語活動・外国語科の授業づくりの方法

■生活単元学習・総合的な学習の時間の授業づくりの方法

■特別活動の授業づくりの方法

国語科の授業づくりの方法

仕事術 15 国語科は，言葉や視点が広がるようにする

　国語科の授業づくりのポイントは，「言葉による見方・考え方」を働かせることができるかどうかです。

実践事例「本のおもしろかったところを紹介しよう」
【内容】本を読んで，伝えたいことを話す。
【よくある子どもの実態】
　あらすじについて「○○が＊＊しました」のように，説明することはできても，読んでどう思ったのか，感想を伝えることが難しい。

　伝えたいことを話すために必要なものは，伝えたいことを表すための語彙量です。「感想を伝えることが難しい」のは，感想を表す言葉についての語彙が不足しているためと考えられます。

　この本を読んで，どんなことを思いましたか？

　写真のように「感想を表す言葉」をカードにして，黒板に貼っておきます。これらの言葉を参考に，本の場面ごとに，ぴったりくる言葉を使ってみることができるようにします。

 心が，どきどきしました。

実際に声に出して使ってみることで，言葉の獲得を目指します。

実践事例「経験したことを書いて伝えよう」
【内容】遠足の思い出や，夏休みの出来事などを文章で書く。
【よくある子どもの実態】
　「〇〇しました」と経験したことを，ただ羅列するだけの作文になってしまう。

　「〇〇しました」を羅列してしまうのは，文章を書く際の視点の問題です。つまり，「自分がしたこと」の視点だけで書いているからです。
　いろいろな視点をもとに書くことができるように教材を整えていきましょう。ここでは，「色分け短冊」を作成して，経験したことを書く授業づくりを行います。
　まず，「色分け短冊」の色ごとに視点を決めます。例えば，
・水色の短冊　　　→見たこと
・ピンク色の短冊→したこと
・黄色の短冊　　　→言ったこと，話したこと
・黄緑の短冊　　　→聞こえたこと

　短冊にメモができたら，言いたいことが伝わりやすいように短冊を並べ替えて，作文用紙に清書します。

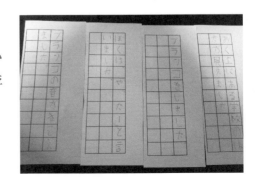

国語科は，「文章の読みやすさ」と 「発問のわかりやすさ」を工夫する

実践事例「登場人物の様子を読もう」

【内容】

　「いなばのしろうさぎ」のお話を読み，場面の様子や登場人物の行動など，内容の大体を捉える。

【よくある子どもの実態】

・教科書にある物語文のような長い文章を読むことが難しい

・登場人物の心情を考えることが難しい

　教科書の文章を読むことが難しい子どもに有効なのは，文章を読みやすくするために，教科書をリライトすることです。

　リライトのコツは，下記のように，ある程度の文節のところで改行し，ちょっとずつ下にずらすことです。このようにすることで，読みやすくなるようです。日本語を学ぶ外国人の方もよく使う方法です。

　さらに，①②など，段落番号をふります。授業中，どこをやっているかわからなくなった子どもに対して，「今は②を，読んでいるんだよ」と言えば，文章を探しやすくなります。

　物語文でわかりにくいのは，この行動は，誰が行ったものなのかがわかりにくいところです。物語文は主語が省略されていることが多いためです。

　いなばの　しろうさぎ　ふくなが　たけひこ

①ぼくは，
　むこうに　見える
　おきのしまに
　すんでいる
　うさぎです。

②なんとかして，
　海をわたって
　この国へ　きたいものだと
　思っていたんですが，
　ぼく，
　およげないんですよ。

③すると，
　めいあんが
　うかびました。

④わにのやつを
　だましてやろうと
　かんがえたんです。

必要に応じて，「ぼくは」「わたしは」「○○は」など，主語を追加します。主語をプラスしていくようにすると，その行動は誰が行ったのかが明確になります。

　子どもによっては，この支援によって，内容を読み取りやすくなります。

　一方，登場人物の心情を考えることが難しい子どもには，発問をわかりやすくする工夫が有効です。

《最初の発問》

 うさぎはどんな気持ちだったでしょう？

　　　↓

《チェンジした発問》

 どうして，うさぎはわにを，だましてやろうとしたのですか？

　ポイントは，理由を考える発問へのチェンジです。「どうして，そのようにしたのか」を問うことで，文章の中にその根拠となる箇所を見つけることができるようになります。その方が，考えやすくなる子どももいます。

　それでも難しい子どもがいたら，選択肢を用意する方法があります。

　いくつかの選択肢の中から，どれが自分の考えに近いのかを尋ねます。

　選べばよいだけになりますので，答えるのもハードルがだいぶ下がります。

算数科の授業づくりの方法

仕事術 17

算数科は，
多様な学習の「方法」を用意する

　算数科の授業づくりのポイントは，「数学的な見方・考え方」を働かせることができるかどうかです。

　計算問題のプリントを個別にさせているだけ，ということが，実は多くの学級で見られます。

　プリント学習のすべてがよくないといっているわけではありませんが，問題のある授業もよく見られます。

 　9 + 4 = 13，はい，よくできましたね，マル！

　このやりとりだけで終わっていませんか？　これでは，機械的に計算できる力を育てているだけです。

実践事例「たし算」

【内容】9 + 4の計算の仕方を言葉で説明する。

【よくある子どもの実態】

　9 + 4 = 13と，機械的に答えを出すことは得意な子どもでも，どうやって考えたのか説明することは難しい。

「数学的な見方・考え方」を働かせる授業を，具体的にイメージするなら
ば，「どうして９＋４＝13になるのか」ということを，子どもが説明できる
ようにしていくことです。

●具体物を使用した操作活動から

　おはじき，ブロック，模型など具体物を用意して操作活動を行います。た
だ数えてできたら「よし」とするのではなく，大切なのは，

 どういうふうにやったの？

と，尋ねていくことです。

●スモールステップ

 リンゴがこっちに９個あって，こっちに４個あるでしょ。
数えたら13個になるよ。

　最初から「10のまとまり」に気づいて，説明できる子どもは少ないと思い
ます。まずは子どもなりの表現でよいので，言葉で説明する習慣をつけまし
ょう。単純に，リンゴの個数を数えて答えを求めたということでもよいので
す。大切なことは，言葉での説明も，スモールステップの視点をもつことで
す。スモールステップで，やりとりのプロセスを丁寧に行っていくことが大
切なのです。

 なるほど，他のやり方はあるかな？

　子どもが言葉で説明できるようになってきたら，「10のまとまり」のよう
な，もっと簡単にできる方法を考えていくようにします。

算数科は,「合理的配慮」と「特別支援教育」の両方の視点をもつ

> **実践事例「わり算」**
>
> 【内容】かけ算九九を使って,わり算の答えを求める。
>
> 【よくある子どもの実態】
>
> 　かけ算九九を覚えていないから,わり算の授業に参加できない。

　算数科は,学習内容に,強い系統性があります。だから,単元によっては,既習事項が身についていないと対応できないことがあります。

　「わり算」の単元で必要なのは,「かけ算」の既習事項です。かけ算九九を覚えていないと,わり算の学習はつまずきやすくなります。

　しかし,かけ算九九が覚えられないからといって,いつまでもわり算の学習に進めないとなると,子どもの学習する意欲は下がってしまいます。特別支援学級では,同じ学習ばかりを繰り返し行うことにウンザリしている子どもの姿が見られます。

　算数科で大切なことは,「合理的配慮」と「特別支援教育」の両方の考え方をもって,授業づくりをすることです。

●合理的配慮の考え方

　授業時における合理的配慮(「合理的配慮」については,終章「特別支援学級のインクルーシブデザイン」を参照してください)とは,その授業時間内では解決が無理なことに対して行われます。

　わり算の授業中に,かけ算九九をすべて覚える,ということは現実的に無理です。この時間だけでは解決できないことですので,合理的配慮を行うことになります。わり算の授業であれば,九九表を使えるようにしたり,電卓

の使用を認めたりすることが合理的配慮として考えられます。

　合理的配慮の視点では，この他にもいろいろなことが考えられます。計算問題の問題数を減らしたり，書き込みがしやすいように教材を拡大したり，短時間では解決できない問題への配慮をすることで，その授業に参加しやすくなるようにします。

●特別支援教育の考え方

　しかし，かけ算を覚えていないからといって，ずっと合理的配慮だけをしていたら，この子どもは，かけ算九九を覚える機会がなくなってしまいます。教師は，子どもが「いつかはできる」と信じて，子どもの力を高めるための工夫をしていかなければなりません。

　この子どもの場合は，かけ算九九の学習を，「多様な場」で行ったり，「特性に応じた指導」をしたりすることが考えられます。

　「多様な場」とは，マンツーマンでの学習の場面，放課後，家庭学習，地域の学習機関等が考えられます。

　「特性に応じた指導」とは，視覚や聴覚，運動感覚など，その子どもの認知のスタイルに応じた指導の方法を考えていくことです。

　子どもの実態に応じて，学習の方法を考えていくこと。これは，まさに「特別支援教育」の考え方です。

　特に算数科では，「合理的配慮」と「特別支援教育」の両方の視点をもって，授業づくりをしていくことがポイントです。

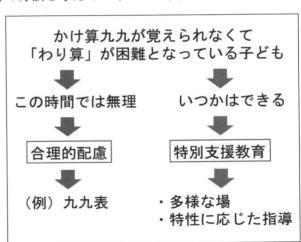

理科の授業づくりの方法

仕事術 19　理科は，既存のまとめ方にこだわらない

　理科の授業づくりのポイントは，「理科の見方・考え方」を働かせることができるかどうかです。

実践事例「天気と気温」
【内容】　１日の気温の変化を調べる。
【よくある子どもの実態】
　棒グラフや折れ線グラフに表すことが難しい。

　この内容の授業では，棒グラフや折れ線グラフにこだわらなくてもよいのです。自然現象を比較したり，関連づけたりすることが「理科の見方・考え方」です。

　写真のように，縦軸に１℃ずつマス目をつくって，そこを塗りつぶすグラフでもよいわけです。

　これでも，気温の変化はわかります。マス目を塗りつぶす作業であれば，取り組める子どもも多くいます。

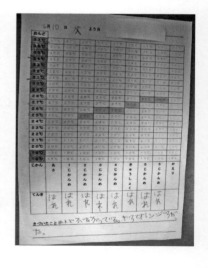

仕事術 20

理科は，対象物を見やすくすることを考える

実践事例「いろいろな生き物を観察しよう」
【内容】学校の周りで生き物を探し，詳しく観察する。
【よくある子どもの実態】対象物の細部が捉えられない。

　学校の周りで見つけた生き物を「観察カード」にまとめるという学習活動は，特別支援学級でも比較的行いやすい学習活動です。

　観察の学習活動では，対象物を「細部まで見る」ことで，いろいろな発見をすることができます。

　しかし，細部を見ることが苦手な子どもがいます。

　このような子どもは，漢字の書き取りの際に正しく書けなかったり，言葉の違いを聞き分けられなかったりしてしまうことがあります。

　観察の学習活動では，対象物を見やすくなるような手だてを考えます

　可能であれば，対象物を手元に置いたり，直接触ることができたりするようなものを教材として選ぶとよいでしょう。

　このような学習の積み重ねが，知覚の発達を促すことにもつながっていきます。

社会科の授業づくりの方法

仕事術 21 地理的分野は，子どもがよく知っている「身近なもの」について「問い」を重ねる

　社会科では，「社会的な見方・考え方」を働かせることのできる，社会的な事象についての「問い」を中心にした授業づくりを行います。

実践事例「働く人と私たちの暮らし」
【内容】
　学校の近くにあり，子どもたちにとって身近な題材を調べ，まとめる。
【よくある子どもの実態】バスに興味・関心がある子どもが多い。

　まず，「学校のそばには何があるだろう？」という「問い」を立てます。そして，実際に，子どもたちと学校の周りを散策します。例えば，学校のそばをバスが走っている場合を想定してみましょう。

　次に，「バスの中には何があるだろう？」という「問い」を立てます。図鑑で調べたり，実際に見学をしたりします。

　バスに「ワイパー」があることに気がついた子どもには，「どうして，バスにワイパーがあるのだろう？」という「問い」を立てま

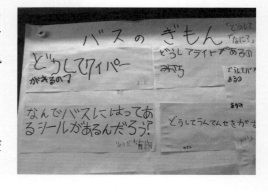

46

す。そしてまた，調べる学習活動を行っていきます。

　このように「問い」を重ねていくことで，「バスは，安全に走ることを大切にしている」という「社会的な見方・考え方」に結びつけることができます。

仕事術 22　歴史的分野は，「昔と今の変化」に着目する

実践事例「道具と暮らしの移り変わり」
【内容】生活の道具の時期による違いに着目して調べる。
【よくある子どもの実態】テレビに興味・関心がある子どもが多い。

　生活の道具として身近な「テレビ」を題材としてみましょう。まず，白黒テレビ，ブラウン管テレビ，薄型テレビの３枚の写真を用意し，古い順番に並べる活動を行います。これが，「年表」となるわけです。（年表は「文字で表すもの」とこだわる必要はありません）

　次に，「おうちの人が小学生のときに，好きだったテレビ番組は？」などと，家族にインタビューする課題を設定します。そうすると，昔のテレビ番組の話題が出てくるでしょう。

　この学習活動で最も大切なこと，それは子どもが「今」と「昔」という概念に気づくことです。これが社会的事象の「歴史的な見方・考え方」の基礎です。

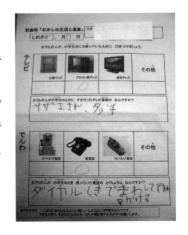

体育科の授業づくりの方法

仕事術 23
体育科は，同じ運動でも，バリエーションを増やしながら行う

実践事例「運動遊び（走る）」
【内容】走る運動に，バリエーションをつけて行う。
【よくある子どもの実態】短距離走でまっすぐ走れない。

●ラインの上を走る

　まっすぐ走るだけではなく，効果的なのは校庭にラインを引いて，その上を走るという運動です。

　歩くことから始めてもよいです。コースに難易度をつけて，競走するのも面白いです。

●合図に従って走る

　教師が出した合図をよく見て，運動することをねらいとします。例えば，教師が「グー」の合図を出したら「止まる」，「パー」の合図を出したら「走る」というようにします。走っている最中に指示を変えると，いろいろな動きを取り入れながら走ることができます。

仕事術 24 体育科は, ゲームのルールを弾力化・簡素化する

実践事例「ベースボール型ゲーム」

【内容】

　ボールをフェアグラウンド内に打つ。ボールを追いかけてとる。ベースに向かって全力で走る。

【よくある子どもの実態】技能やルール理解の個人差が大きい。

●打ち方を「弾力化」する

　一番難しいのが「打つ」ことです。

　ここは, 打ち方をいくつか用意して, 子どもが選べるようにします。

・教師が投げたボールを打つ

・静止したボールを打つ
　（バッティングティーを使う）

・テニスラケットで打つ

●ルールを「簡素化」する

　「守備がボールをとって, 一塁に投げてアウト」というのは手順が多いので, 理解を図るのが難しいです。

　例えば, 「打者が打ったボールを, 守備側がとれば, その時点でアウト」「そのときに, バッターが一塁まで到達していたら１点, 二塁まで到達していたら２点, とする」などのようなルールにすれば, 守備も走塁も簡単になります。これだと, 点数がたくさん入るようになるので, 楽しめる子どもたちも増えるでしょう。

音楽科の授業づくりの方法

仕事術 **25**　音楽科は，楽器や楽譜を
子どもが使いやすいものにする

実践事例「リコーダー」
【内容】リコーダーの演奏の仕方がわかる。
【よくある子どもの実態】
　孔がしっかりとふさげず，いい音色が出せない。

　リコーダーは，きれいな音を出すことが最大
のハードルです。しっかり孔をふさげないため
に，きれいな音が出ない子どもは多くいます。

　しっかり孔をふさぐ指導も必要ですが，「そ
もそも孔をふさぐことが難しい」子どもには，
合理的配慮をしましょう。楽器そのものをアレ
ンジするのです。

　例えば，「魚の目パッド」を孔のところに貼
ると，孔を押さえやすくなります。また，分解
式のリコーダーも市販されています。子どもが
押さえやすいように，孔の位置を微調整するこ
とができます。

音楽科は，子どもの優位な特性を生かした「リズム」の指導をする

実践事例「リズムで遊ぼう」
【内容】リズムを手で打って音遊びをする。
【よくある子どもの実態】
　一定のリズムを保てない，リズムが安定しない。

　リズム遊びを苦手とする子どもには，その子どもの「優位な」特性に応じた指導をしていきます。

●視覚優位な子どもの場合

　リズムを「目で見て」真似できるようにします。子どもに見える位置で，教師が一緒にリズム打ちをして見せます。「よく見て！」と教師のリズム打ちに注目するように指示をします。

●聴覚優位な子どもの場合

　リズムを「耳で聞いて」意識できるようにします。他の音と区別しやすい音（カウベルなど）を使用することで，「耳」で聞いて真似しやすくなります。

●体感覚優位な子どもの場合

　リズムを「身体の感覚」で学んでいくようにします。子どもの背中や肩を軽くタップするなどしてあげると，身体でリズムを感じることができますので，そのリズムに合わせやすくなります。

図画工作科の授業づくりの方法

図画工作科は，発達段階に応じた合理的配慮をする

> **実践事例「運動会の思い出を紹介しよう」**
> 【内容】運動会の場面を思い出して描く。
> 【よくある子どもの実態】
> 　なぐりがきの段階で，人の形を捉えることが難しい。

　絵には発達段階があります。なぐりがきの段階の子どもに「運動会の思い出の絵」は，そもそも難しいでしょう。合理的配慮をすることが必要です。

　例えば，走っている人を描く場合は，厚紙で走っている人の型をつくって，その型に沿って，なぞることができるようにしていきます。

　図画工作科では，「形や色などと豊かに関わる」ことの方が大切です。

　自力で作品を仕上げることにこだわる必要はありません。子どもの発達段階に応じて，形や色とかかわるための支援を行っていきます。

仕事術 28 図画工作科は，「手順」と「動線」を構造化する

実践事例「夕焼けを描こう」
【内容】クレヨンや絵の具で，表し方の工夫をする。
【よくある子どもの実態】どうやって進めたらよいかがわからない。

　どのような手順で進めたら，子どもたちが作品をつくりやすいか，どのような動線をつくったら，子どもたちが安全に作業できるか，「手順」と「動線」をわかりやすく（構造化）していきます。

●手順と動線の構造化

・下絵を描くときは，友達とお互いに見えるようにすると，やることがわかりやすくなります

・クレヨンや絵の具を使うときは，子どもたち同士が，お互いにぶつからないようにスペースを空けると，動きやすくなります

・「絵の具を使う場所」のようにそれぞれの手順を行う作業スペースを決めておくと，子どもが，どこで何をすればよいかがわかりやすくなります

家庭科の授業づくりの方法

仕事術 29
家庭科は，5・6年生を対象に個別の学習課題を設定する

　特別支援学級では，調理実習や刺繍の作品製作など，家庭科に関連する学習活動を行っていることが多いです。しかし，生活単元学習として実施していることが，ほとんどだと思われます。

　調理や製作活動では，1年生から6年生までの，異学年集団で授業をすることが多いので，5・6年生だけに設定されている家庭科を実施するのが難しいという実情もあるのではないでしょうか。

実践事例「調理の目的や手順を考えよう」
【内容】
　調理に必要な用具や食器の安全で衛生的な取り扱いを理解する。
【よくある子どもの実態】
　食に関する興味はある。調理の経験もある。

　個別の学習課題を設定することで，5・6年生の子どもは家庭科の「生活の営みに係る見方・考え方」に基づいた学習に取り組むことができるようになります。

　例えば，学級全員で調理学習を行う場合，5・6年生の子どもだけを対象に「安全に調理を行うにはどうしたらいいのだろう」という学習課題を個別に設定することで，家庭科の授業として成立します。

家庭科は，
既存の製作活動の目標を調整・変更する

実践事例「家庭で使うコースターをつくろう」
【内容】生活を豊かにするための布を用いた製作を行う。
【よくある子どもの実態】刺繍の技能は身についている。

　特別支援学級では，太めの針で布の織り目をすくっていく「スウェーデン刺繍」や，糸を交差させながら刺していく「クロスステッチ」などの刺繍の製作活動がよく行われています。

　この刺繍の製作活動も，家庭科として位置づけることができます。そのポイントは，家庭科としての目標を設定することです。

　例えば，「家庭で使うコースターをつくろう」というように，完成後に家庭で使用することを前提に学習活動を計画したとします。

　この学習活動であれば，その子どもに小さい弟や妹がいる場合は，「どんな絵柄にしたら喜んでもらえるかな」と，家族のことを考えることができるようにします。このような視点を取り入れることで，既存の学習を，家庭科の「生活の営みに係る見方・考え方」に基づいた学習活動にすることができます。

道徳科の授業づくりの方法

仕事術 31 道徳科は,「日常的によく使われる」
道徳的価値のある言葉を学ぶ

　特別支援学級の道徳科は，日常的によく使われる道徳的価値のある言葉を
学ぶ時間としていきます。

【道徳科の内容項目と関連する言葉：例】

《A　主として自分自身に関すること》

　・よいこと　・悪いこと　・正直　・素直　・もったいない　・努力

《B　主として人との関わりに関すること》

　・親切　・温かい心　・感謝　・助け合い　・仲よく

《C　主として集団や社会との関わりに関すること》

　・きまり　・ルール　・約束　・助け合い　・一生懸命　・あいさつ

《D　主として生命や自然，崇高なものとの関わりに関すること》

　・優しい　・大切　・美しい

　これらの言葉は，学校の中で，何気なく普通に使われている言葉です。し
かし，抽象度の高い言葉でもあります。これらの言葉について，道徳科の時
間に学ぶことが，特別支援学級の子どもにはとても必要な学習となります。
日常生活の中でこれらの言葉と出会ったときに，適切に思考，判断，表現で
きることにつながっていくことになります。

道徳科は，子どもの実態に応じたワークシートを用意する

実践事例「正直って，なんだろう？」
【内容】読み物教材を読んで，「正直」について考える。
【よくある子どもの実態】発達段階が多様である。

　道徳科では，子どもの実態に応じたワークシートを作成することがポイントです。そうすれば，子どもの実態に応じた授業が可能となります。

比較する ワークシート	具体的事例を考える ワークシート	書くことが難しい子ども へのワークシート
主題について，比べながら言葉で表現できるようにするものです。	自力で文章が浮かばない子どもは，教材のお話から引用して書くようにします。	発語が少ない子どもや，書字の困難が見られる子どもには，教材や絵本を見せて簡単な単語だけを書けるようにします。

比較するワークシート

「正直（しょうじき）」って、なんだろう？

正直だと、

正直でないと、

具体的事例を考えるワークシート

「正直（しょうじき）」って、なんだろう？

「正直」とは、どんなことですか？

書くことが難しい子どもへのワークシート

「正直（しょうじき）」って、なんだろう？
おはなしのなかで、どんな「しょうじき」がありましたか？

けんいち は、よそのいえの　ガラスを　わって　しまいました。

そのいえに　いきました。

あやまりに　いきました。

に

外国語活動・外国語科の授業づくりの方法

仕事術 33 外国語活動・外国語科は，「good!」をたくさん言えるようにする

　外国語活動では「コミュニケーションを図る素地」，外国語科では「コミュニケーションを図る基礎」を育てていくことを目指しています。

　特別支援学級の子どもたちにとって，「コミュニケーションを図る素地・基礎」は，とても重要な視点です。その視点での授業づくりをしていくとよいでしょう。

実践事例「Let's Try!」

【内容】外国語を使ったアクティビティを行う。

【よくある子どもの実態】自信がないからやろうとしない。

　お互いによいところを認め合ったり，できたことを一緒に喜んだりすることは，良好なコミュニケーションの第一歩です。そのために，外国語を使ったアクティビティは有効です。

　外国語を使ったアクティビティでは，教師も子どももお互いに，たくさん「good!」と言い合えたり，一緒に喜び合えたりするようにすることがポイントです。

　外国語をうまく言えることよりも，そちらに重きを置くことが，子どもたちの自信につながっていきます。

外国語活動・外国語科は，いろいろな教材を作成する

> **実践事例「文のつくり」**
> 【内容】基本的な語順について理解する。
> 【よくある子どもの実態】途中でわからなくなってしまう。

　特別支援学級の規模や子どもたちの実態によっては，アクティビティばかりでは，授業づくりが難しい場合も考えられます。子どもと個別に外国語の学習を進めていく場合もあるでしょう。

　個別の学習になると，プリント教材だけに頼りがちになります。だから，いろいろな教材を作成していくようにします。

　写真は，レゴブロックを利用して，単語の並べ替えを簡単にできるようにした教材です。レゴブロックは，操作性が非常に優れています。その操作性のよさは，単語の並べ替えの際に，威力を発揮します。

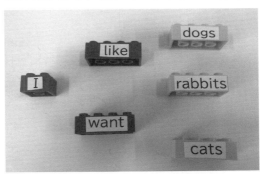

　例えば赤のレゴブロックは主語，青のレゴブロックは動詞，黄色のレゴブロックは目的語，のように色ごとにいくつかの単語をレゴブロックに貼っておきます。

　こうすると語順通りにブロックを置いていくことで，基本的な語順を楽しみながら理解できるようになります。

生活単元学習・総合的な学習の時間の授業づくりの方法

仕事術 35 生活単元学習・総合的な学習の時間は，その違いをもとに授業づくりをする

　特別支援学級では，教科・領域等をあわせた指導として，生活の中で学び，生活の中で使うことのできる力を育成する指導を展開することができます。その代表的な時間が生活単元学習（生単）の授業です。

【生活単元学習の特徴】
・各教科等の目標や内容が扱われる
・実際の生活上の目標や課題に沿って，学習活動が行われる

　生単は，特別支援学校の学習指導要領に基づいています。通常の学級では行っていません。だから，初めて特別支援学級担任になると，「生単って何の時間？」と戸惑ってしまうのです。

　一方，生単は，行事の準備の時間や，調理学習や刺繍などの製作活動，あるいは遊びの時間など「何でもあり」の時間になっていることが多いでしょう。その点でも，生単は非常に「わかりにくい」ものといえます。

　さらにわかりにくいのは，生単と総合的な学習の時間（総合）は，何がいったいどのように違うのかということです。

　逆にいえば，生単と総合の違いがわかるようになると，それぞれの授業づくりのポイントが見えてきます。

●学習するフィールドの範囲の違い

生単は,「日常生活」がフィールドになります。学校での生活,家庭での生活,地域での生活等から単元を計画していきます。

【生単の単元名：例】

・○○ランドをつくって遊ぼう（学校での生活）

・調理をしよう（家庭での生活）

・町を探検しよう（地域での生活）

総合は,「地域社会」がフィールドになります。

生単の「地域での生活」は子どもたちが体験している範囲内にとどまりますが,総合における「地域社会」というのは,子どもたちが未体験の事象（福祉,環境,文化等）にまで範囲を広げることになります。

【総合の単元名：例】

・広げよう　優しい町（地域の福祉）

・身近な環境を見つめ直す（地域の環境）

・地域に残る文化を調べよう（地域の文化）

●社会へのかかわり方の違い

生単は,「社会参加」レベルです。社会に,よりよく参加できるようになることを目指して,その在り方を学んでいくことになります。

自分自身への関心から,友達とのかかわり,小集団とのかかわりなどに発展していき,そこで自分がどのように協力的な行動をすればよいかなどを,具体的に学んでいくことが目標となります。

総合は，「社会参画」レベルです。生単の「社会参加」レベルに比べて，社会設計の計画段階から加わるなど，より積極的に社会へのかかわり方を学ぶことになります。

　これからの時代は，特別支援学級の子どもにとっても「社会参画」の力を育てていくことは重要です。共生社会の実現に向けた基盤となる力です。

●学び方の違い

　生単は，「Let's」型です。つまり，やってみることで学ぶことを重視します。実際の体験的な学習が，授業の中核となります。

　総合は，「探究」型です。探究学習の要件は「問い」です。

　例えば「広げよう　優しい町」という単元であれば，「みんなが暮らしやすい町にするためにはどうしたらよいのだろうか？」という問いから，子どもがそれぞれ探求的な学びを行うことになります。

　この視点で見ると，特別支援学級では，より一人一人の子どもの興味・関心や特性，実態等に応じて，個々の探究学習を進めていくこともできるのです。

　例えば，電車が好きな子どもだったら電車をテーマとした探究学習，ゲームが好きな子どもだったらよりよいゲームとのかかわりを探る学習などを行っていくこともできるでしょう。

	生活単元学習	総合的な学習の時間
学習するフィールドの範囲	日常生活	地域社会
社会へのかかわり方の違い	社会参加	社会参画
学び方	「Let's」型	「探究」型

仕事術 36 総合的な学習の時間は，「教育課題」との関連を図る

　これまで生単で行っていた学習活動を見直して，総合に発展させるようにしていくこともできます。学習活動によっては，質的な向上を図ることにつながります。

　生単から総合への発展を考えるときのポイントは「教育課題」と関連させることです。教育課題とは，よく「○○教育」と表現されることが多いものです。

●調理学習×国際理解教育

　生単でおやつづくりの学習活動をしているのであれば，「他の国ではどんなおやつを食べているのだろう？」という「問い」を立てた探究学習ができるでしょう。

　例えば，本やインターネットで調べたり，地域に住む外国の方に教えてもらったりする学習活動が考えられます。

●調理学習×プログラミング学習

　調理の手順をカード化して，「どの手順でつくったらうまくいくか？」という事前学習が考えられます。いわゆるアンプラグドのプログラミング学習にあたります。

●調理学習×防災教育

　災害が起きたことを想定して，「もし電気やガス，水道が止まってしまったら，どうやって調理をするか」という問いを立てます。他の防災教育の活動とあわせて行うこともできるでしょう。

特別活動の授業づくりの方法

仕事術 37 係活動は，様々なバリエーションを用意する

　特別活動には，「集団や社会の形成者としての見方・考え方」を育てるというねらいがあります。

　特別支援学級では，子どもたちの係活動がこの視点を体験的に理解させるために有効です。

　ポイントは，その子どもに応じた係活動を設定することです。様々な係活動のバリエーションを用意しておくとよいでしょう。

【子どもに応じた係活動設定のポイント】

・簡単にできるもの　〈例〉日めくりカレンダーをめくる係
・比較的難しいもの　〈例〉体育倉庫のカギをとりにいく係
・きまったタイミングに行うもの
　〈例〉教室移動のときに電気を消す係
・毎日ではないが自分で気がついて行うもの　〈例〉学級文庫の整理係
・先生に声をかけてもらってからやるもの　〈例〉先生のお手伝い係

　係活動は，もちろんその役割をきちんと果たすことも大切ですが，できたかできないかだけで評価していては，特別活動のねらいには即しません。「集団や社会の形成者」として役目を果たしている，自分の存在に肯定的になれるような働きかけが必要です。

仕事術 38　学級会は，教師が話し合いを促進させる

　特別支援学級に集まった子どもたちが，お互いに力を合わせて，協働して物事に取り組む。そして，そこで起こった問題に対して，なるべく子どもたちの力で解決できるようにしていく。このような機会を意図的に設けることが，教師の役割です。

　特別支援学級でも「学級会」を開き，特別支援学級での生活をよりよくするための話し合いの場面を設定していくとよいでしょう。

【教師が，子どもたちの話し合いを促進させるポイント】
・テーマに関連するイメージを視覚的に提示する
・話し合いに参加しやすくなるように個々の特性に応じる

　例えば，「もっと教室をきれいにするには？」というテーマの学級会で考えてみましょう。

　まず，テーマに関連するイメージを視覚的に提示します。

　清掃の場面の動画や，教室の用具が乱れている様子の写真などを提示すると，「もっとこうしたらいいんじゃない？」と，子どもたちが課題を把握しやすくなります。

　そして，話し合いの場面では，子どもの個々の特性に応じます。

　自分の意見が言えない子どもには，「A案とB案，どちらがいい？」のような選択肢を与えて，選べるようにしてあげるといった支援が考えられます。

　このように，学級会での教師の指導・支援のポイントは，「教師が，子どもたちの話し合いを促進させる」ことです。

Column
知識や技能が断片的になりやすい

　知的障害のある子どもの学習上の特性を語るときに，「学習によって得た知識や技能が断片的になりやすい」というフレーズがよく使われます。
　「文字が読めるようになった。でも，本を読むことができない」
　「かけ算九九が覚えられた。でも，実際の生活で使うことができない」
というようなことを指しているのだと思います。

　しかし，このようなことは誰にでも思い当たるフシがあるのではないでしょうか。

　「英語を中高６年間みっちりやりました。でも，話せません」
　「社会科で歴史事項をきっちり覚えました。でも，自分の住んでいる地域と関係している出来事だとは思いませんでした」
　学んだことを「断片化」せずに，すべて自らの生活に生かせているかというと，誰しも自信がないものです。

　「学習によって得た知識や技能が断片的になりやすい」。この反対の意味として「一を聞いて十を知る」ということわざがあります。
　「一を聞いて十を知る」とは，物事の一部だけを聞いて，全体像がわかってしまうという意味です。つまり，その知識と，他の知識との関連性が，すぐわかるということでしょう。
　このことからも，学校での学習では，物事を「関連付け」て学ぶということが大切だといえると思います。
　ちなみに，「関連付け」というキーワードは，新しい学習指導要領においても再三登場しています。

3章

教科指導以外の仕事術

■自立活動を行う方法
■交流及び共同学習を行う方法
■毎日の活動（朝の会・帰りの会，給食，清掃）を行う方法
■日常生活の指導を行う方法

自立活動を行う方法

仕事術 39 自立活動は，個々の子どものアセスメントに使用する

　自立活動とは，「個々の障害による学習上又は生活上の困難を改善・克服するための指導」です。自立活動の内容としては，次の６つの区分が示されています。

【自立活動の内容の６つの区分】

1　健康の保持
2　心理的な安定
3　人間関係の形成
4　環境の把握
5　身体の動き
6　コミュニケーション

●よくある自立活動の疑問①

　この６つの内容について，すべて行わなければならないのですか？

　これは，そもそもの自立活動の捉え方が間違っています。たしかに，例え

ば国語科では，「話すこと・聞くこと」「書くこと」「読むこと」を網羅しなければならないので，自立活動も同様に，内容をすべて行わなければならないと思われがちです。教科の学習との最大の違いは，子どもによって学ぶことが異なるということです。それが，最初の定義の「個々の障害による」ということです。

●よくある自立活動の疑問②

 友達とケンカばかりです。だから，子どもたち全員に，もっと仲よく遊べるように，「3　人間関係の形成」を目標にした授業をすればよいのですか？

　一見，もっともだと思えます。しかし，これもまた，自立活動でよくある誤解につながります。
　NGポイントは，「友達とケンカばかり」という状況を，全員一律に「3　人間関係の形成」の区分として考えているところです。

●自立活動の視点で子どもをアセスメントする
　では，この事例について，自立活動の視点でアセスメントしてみましょう。

 ぼくは，何をして遊ぶのかがわからないから，不安になっちゃって，つい怒っちゃうんだ。

　この子どもは「何をして遊ぶのかがわからないから不安になる」というところが根本的な原因のようです。
　これは，自立活動の内容の6つの区分では「2　心理的な安定」に該当するでしょう。したがって，この子どもには「2　心理的な安定」に関する指導や支援が必要だということになります。

例えば，事前に何をして遊ぶのかを確認したり，友達と何をして遊ぶのかを相談したりして，安心して遊べる体験を積み重ねることが，この子どもの実態に応じた自立活動の指導となります。

 私は，自分の気持ちを友達にうまく言えないから，手が出てしまい，ケンカになってしまうことがよくあります。

この子どもは，「自分の気持ちを友達にうまく言えない」というところが根本的な原因のようです。

これは，自立活動の内容の6つの区分では「6　コミュニケーション」に該当するでしょう。したがって，この子どもには「6　コミュニケーション」に関する指導や支援が必要だということになります。

この2つの例だけ見ても，「友達とケンカばかり」の根本的な原因は異なっています。

つまり，同じ主訴でも，一人一人の自立活動の指導や支援は異なるのです。全員に同じ目標などありえないと思っていた方がよいでしょう。

「友達とケンカばかり」ということを，短絡的に対人関係の問題として捉えると，全員一律の同じ指導となりがちです。

しかし，それでは，本当の意味での子どもの困難の改善にはつながりません。

子どもたちが実際にどのようなところに困難を抱えているのかを丁寧に見ていくこと。その視点として，自立活動の6つの内容の区分を使うのです。

学校教育は，どうしても「何をするか」，つまり学習活動を優先的に考えがちです。

自立活動では，同じ学習活動をしても，一人一人の子どもによって「何を学ぶか」という目標を考えていくことになります。

自立活動は，どのような授業でも行っていく

　特別支援学級で自立活動の指導や支援を行う場としては，２つの方法があります。

●各教科等の授業の中で，自立活動の指導と支援を行う

　例えば，「見通しが立たなくて不安になりやすい」子どもがいたら，授業が始まるときに，その授業の流れを提示しておくという支援が考えられます。自立活動の区分でいえば，「２　心理的な安定」の<u>支援</u>です。そのうえで，「見通しがあれば，落ちついて授業に参加できる」とその子どもが自己理解できるように指導していくとよいでしょう。自立活動の区分でいえば，「２　心理的な安定」の<u>指導</u>です。

　これが自立活動の<u>指導</u>と<u>支援</u>の考え方です。どの授業でも，この視点を用いることができます。

●自立活動の時間を特設する

　子どもたちの実態をもとに，自立活動の内容の６つの区分ごとに子どもたちをグループ分けできるようであれば，自立活動の時間を特設する方法もあります。同じ困難をもった子どもたちのグルーピングですので，それぞれの内容別の指導が可能となります。

　例えば，「５　身体の動き」に困難がある子どもたちのグループでは，バランスボールで体幹運動の指導を行うことが考えられます。子どもの困難に応じたダイレクトな指導が可能となります。

交流及び共同学習を行う方法

交流及び共同学習は，必要な支援体制を確認する

「交流及び共同学習」には，2つのパターンがあります。

●特別支援学級の子どもが，通常の学級で授業を受けるパターン

定期的，継続的に通常の学級の授業に参加したり，単発的に通常の学級で行われる授業（ゲストティーチャー，体験学習，お楽しみ会など）に参加したりするようなパターンです。

年度はじめに，どの子どもが，どの通常の学級と交流するのかを決めておくとよいでしょう。

これは「交流学級」と呼ばれることがあります。交流学級に，特別支援学級の子どもの紹介を掲示物として貼っておくと，通常の学級の子どもたちの受け入れも整いやすくなります。

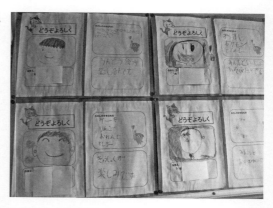

このパターンでの注意点は，子どもが「通級による指導」を受けているのと同じ状態にならないようにすることです。特別支援学級としての存在意義を問われてしまいます。支援体制をどのように整えていくのかというところがポイントになるでしょう。

仕事術 42　交流及び共同学習は，既存の活動からできるものを増やしていく

●行事やイベント的な授業で両者が集うパターン

　運動会の練習，遠足や社会科見学，宿泊活動などを一緒に行うことも，交流及び共同学習として位置づけられます。

　この他にも，学校で定着しているような既存の活動を交流及び共同学習として，新たに設定していくことも可能です。

　例えば，6年生が1年生の教室で，休み時間などに，本の読み聞かせをするというような活動があります。

　これに特別支援学級も加わり，6年生に特別支援学級にも読み聞かせにきてもらうというようなことも考えられます。

　また，通常の学級の子どもが，特別支援学級の授業を体験してみるというのもよいでしょう。「特別支援学級ではこういうことを勉強しているんだ」ということを体験的に理解することができます。

　交流及び共同学習は，通常の学級と特別支援学級の間で，調整や連絡をすることに，思いのほか大きな労力を要します。

　普段から，教師同士が風通しよく話し合える職場環境をつくっていくと調整や連絡がスムーズになります。子どもの交流も大事ですが，教師同士の交流も，とても大切です。

毎日の活動（朝の会・帰りの会，給食，清掃）を行う方法

仕事術 43 毎日の活動だからこそ，子どもたちの意欲を高める

●朝の会

　あいさつ，出席の確認，今日の日付・曜日・天気・1日の予定の確認，日直のスピーチ，教師の話といった一連の流れの他にも，歌を歌ったり，短時間でできる小さなアクティビティを行ったりすることができます。

　朝の会は，きまった流れで行うことが可能です。

　だから，なるべく子どもが自主的に運営できることを目指すとよいでしょう。

　開始時刻になったら，日直の子どもが号令をかけるというルールをつくるだけでも，子どもが自主的に動けるような仕組みづくりとなります。

●帰りの会

　帰りの会は，帰り支度や諸連絡だけで終わってしまってはもったいないです。

　1日の活動を振り返り，よくできたことをほめる時間にしたらどうでしょうか。

　気持ちよく帰れれば，「明日もがんばろう」という気持ちになりますし，家庭で子どもたちが学校の話をできるようになるきっかけとなるかもしれません。

仕事術 44　毎日の活動は，自立活動や教科等の学習と関連させる

●給食の時間

給食の時間は，自立活動と関連させていくとよいでしょう。

例えば，自分はどのくらい食べることができるのかを理解することは，自立活動の「1　健康の保持」と関連します。

「私はたくさん食べすぎるとおなかが痛くなってしまうから，少なめにしておこう」「好きなものだけでなく，苦手なものも食べるようにしていこう」というように，食に関して配慮が必要な子どもは，自分自身の健康状態を意識して，具体的にどのように食べるのが望ましいのかを理解できるようにします。

一人一人の生活の困難を改善・克服するものが自立活動ですので，関連を図ることには合理性があります。

●清掃の時間

清掃の時間は，道徳科や特別活動等と関連させていくとよいでしょう。

道徳科では「勤労，公共の精神」「よりよい学校生活，集団生活の充実」等の内容項目と関連します。授業で学んだことを，実際の清掃の場面で思い出させたり，あるいは清掃の場面のことを道徳科の授業で取り上げたりすることで，日常生活との関連を図ることができます。

同様に，特別活動にあたる学級会と関連させることもできます。「みんなで協力して清掃するためにはどうしたらよいか」「もっときれいな教室にするためにはどうすればよいか」など，学級会のテーマとして設定することもできるでしょう。

日常生活の指導を行う方法

仕事術 45 日常生活の指導は，
そのスキル獲得に応じた支援を考える

　日常生活の指導は，基本的には積み重ねの指導を行っていくことが必要です。また，子どもごとに困難さが見られる場合があります。それぞれのスキル獲得のためには，ケースバイケースで支援を考えていくことになります。

●手を洗う，うがいをする

　習慣をつけることが，なにより大切です。

　例えば，外遊びから帰ってきたときには，必ず手洗い・うがいをするというルールを決めて，習慣化させていくとよいでしょう。

　うがいを苦手とする子どももいます。うがいができない子どもには，口の中に水を含むブクブクうがいや，水がない状態で上を向いて口を開けて「ガラガラ」とのどを鳴らす練習をするなど，うがいのスキル獲得に向けたスモールステップの練習を重ねていくとよいでしょう。

●衣服の着脱，服をたたむ

　衣服の着脱のスキルはあるものの，着替えが終わるまでに時間がかかる子どもがよくいます。体育の授業の際に着替えに時間がかかりすぎると，その子どもだけ別対応が必要になったり，前後の授業に影響したりすることもあります。

　時間がかかる子どもは，着替えの手順をイラストで示したり，周りが気に

ならない場所で着替えるようにしたり，「○分間で着替える」という目標を決めたりするなど，子どもに応じた取り組みを行っていくとよいでしょう。

また，服をたたむということも習慣づけたいところです。服をたたむことは，空間認知のトレーニングにもつながっていきます。

●トイレ

特別支援学級には，頻繁におもらしをしてしまう子どもや，あるいはまだオムツを使用している子どもがいることがあります。

まずは，休み時間に教師と一緒にトイレに行き，失敗をしないようにしていく配慮が必要です。

また，子どもによっては，替えのパンツを複数枚「きがえセット」として学校に置いておくようにするとよいでしょう。

●靴の着脱

上履きのある学校では，外靴と上履きを頻繁に履き替える必要があります。特別支援学級では，着脱の際に時間がかかる子どもの姿がよく見られます。

立ったまま靴の着脱ができるように目標を定めることが大切です。靴箱のところで座り込んでしまわないようにしていくとよいでしょう。これは，バランス能力のトレーニングにもつながっていきます。

●マスク

コロナ禍においては，マスクをすることが難しい子どもの姿も見られました。

マスクのゴムを耳にかけることが難しい子どもの場合は，マスクの左右のゴムを結んで，かぶるようにするとよいでしょう。「オーバーヘッドマスク」として市販されているものもあります。

感覚が過敏な子どもは，マスクをつけることを嫌がり，抵抗する場合もあります。このような子どもに，マスクをつけることを無理強いすることは好

ましくありません。

　合理的配慮の視点で，感染源となることを避ける対応をします。

　例えば，給食の配膳を別にするなど，他の子どもへの影響を最小限に抑えることを考えましょう。

●食事

　お箸の使い方や，「きれいに食べる」「姿勢よく食べる」といったことを，給食の時間で行っていくとよいでしょう。

　スプーンやフォークは使えるけれど，お箸が難しいという子どもが見られます。お箸にリングがついている「しつけ箸」を使って，家庭と連携しながら指導していくことが現実的でしょう。

　「きれいに食べる」「姿勢よく食べる」というのは，多くの場合は，子どもの意識に働きかけていくものです。ですので，具体的な表現に言い換えていくとよいでしょう。

　例えば，「ごはんつぶは，全部食べる」「ひじを机から離して食べる」というように，どのようにしたらよいかを具体的に教えていくことが効果的です。

●ひも結び

　できれば，小学生のうちに身につけておきたいスキルです。

　特別支援学級には，ひも結びを苦手とする子どもがいます。

　体育着を入れる袋を風呂敷にしたり，プリントをしまうファイルに「とじひも」を使用したり，着替えや学習の場面で，意図的にひも結びを行う機会を増やすことも方法のひとつです。

仕事術 46 日常生活の指導は，特設する場合，様々な条件をクリアする

　特別支援学校学習指導要領解説では，生活単元学習と同様に，「各教科等を合わせた指導」として「日常生活の指導」が示されています。したがって，特別支援学級では，「日常生活の指導」を，授業として位置づけることも可能です。

　授業として「日常生活の指導」を設定する際には，以下の点に留意するとよいでしょう。

●自然な流れで，生活や学習の文脈に即しているかどうか

　日常生活に必要なスキルというのは，よく考えるとかなり幅の広いものです。例えば，「お風呂掃除をする」は，生活のスキルとしては大切なことだと思いますが，学校で学ぶべき内容としてふさわしいとは考えにくいです。

●習慣化して，望ましい生活習慣の形成を図れるかどうか

　日常生活の中には，例えば手洗いのように年間を通して習慣化すべきものと，冬の上着の着脱など季節的に必要となるものがあるでしょう。年間指導計画を作成して，見通しをもった指導になるようにします。

●スモールステップの指導ができるかどうか

　例えば，うがいが難しい子どもに対して，「うがいをしなさい」と，ただ口頭で指示をするだけで，子どもたちに日常生活のスキルが身につくようであれば，授業として特設する必要はありません。いくつかのスモールステップを設けるなど，指導の手だてが必要です。

宴会から見る特別な支援

　居酒屋での大人数の宴会の一場面。

　メニューには，それはもう選びきれないほどのドリンクメニューが。何を飲もうか迷っていると，幹事からアナウンス。

　「最初の一杯は，バラバラに注文されるとお時間がかかりますので，みなさん瓶ビールでお願いします」

　それぞれが好きなものを注文する，それが楽しみ。でも，用意するのに時間がかかってしまうのは宴会としてどうなのか。2時間しかないんだから，早く乾杯をして，宴を始める方が大事。

　授業でも同じことがいえるでしょう。子どもの興味や関心に応じて，個別に対応してあげたい。でも，そんなことをしていたら，時間がかかってしまう。授業時間には限りがあります。いかに効率よくそれぞれの学習が進められるか，ということが優先されます。

　「日本酒ですか？　じゃあ，最初の一杯だけ，とりあえずビールで乾杯していただけますか？　あとで，日本酒をおもちしますから」

　このパターンは，授業でいえば「とりあえず授業中はわからなくても我慢して！　あとで放課後，先生が個別でみてあげるから」。個別のニーズがある子どもは後回しでの対応になりがちです。

　「お酒が飲めないのですね？　では，ウーロン茶をおもちします」

　このパターンは，いわゆる合理的配慮に近いですね。無理やりお酒を飲ませたら命の危険にもつながりますから。配慮が必要な人には「無理のない範囲」であれば，優先的に対応することが必要です。

　さて，このパターンを授業でいえば？

4章

授業づくりの仕事術

■プリント教材を作成する方法
■授業を構造化する方法
■小集団の授業で一人一人に応じる方法
■トラブルに対応する方法
■宿題を作成する方法

プリント教材を作成する方法

仕事術 47 プリント教材は，子どもの実態に応じて，ひと工夫する

　ひらがなのプリント教材の多くは，「文字を見て書き写す」ものです。しかし，それではうまく書けない子どももいます。

　ひらがながまだうまく書けない子どもに対して，よく行われる方法はなぞり書きです。

　教師がペンで文字を書き，その上をなぞらせます。

　さて，なぞり書きのときに使うペンの色に気を配っていらっしゃいますか。いつも手元にある赤ペンを，何気なく使っていないでしょうか。

　なぞり書きの指導のポイントは，子どもが自分でなぞった線が見えやすくなるように配慮することです。だから，お手本の文字は，淡い系の色がよいです。

　これを応用して，プリント教材で，淡いかわいい色でなぞれるようなものをつくってみると，子どもが「やってみたい！」となる，かわいいプリント教材ができ上がります。

　そのほか，ひらがなを「唱えて覚える」方法もあります。「け」という文字なら，「たて，よこ，たて」と唱えながら書けるようにします。

となえて　おぼえよう
「たて，よこ，たて」

仕事術 48　プリント教材は，古くからある技法を駆使する

　プリント教材の文章の中の一部分を空白にしておきます。

　パッと見ただけで，空白箇所に何という言葉を入れればいいかなと考えるでしょう。つまり，「何を考えたらよいか」がわかりやすくなっているといえます。

　そして，「ここにはどんな言葉が入るでしょうか？」と問いかければ，子どもたちとコミュニケーションも図れます。

　これは，いわゆる「穴埋め問題」です。穴埋め問題は，昔からよく使われている技法です。よく使われているのは，やはりメリットが多いからです。

　さらに穴埋め問題を改良してみましょう。

　例えば，穴埋めの箇所をマス目にしておいたらどうでしょうか。これで，何文字の言葉なのかがわかりやすくなります。

　また，イラストを載せておけば，そのイラストを手がかりにして考えることもできます。

　これは，いわゆるスモールステップの視点での改良です。スモールステップもまた，昔からよく使われている技法です。子どもにとって難しい課題を与えるときの足場かけともいえます。

　このように学校教育で古くから受け継がれている技法を駆使していくことで，特別支援学級における豊かな学習につながるプリント教材を作成することができます。

□□をわって，□□に入れる。

授業を構造化する方法

仕事術 49　授業前の「準備」をわかりやすくする

　構造化は，わかりやすくするための方法のひとつです。授業では，パッと見てわかる（視覚的），何をどうしたらよいかがわかる（具体的），そのための手順がわかる（系統的）ことがポイントです。

●学習予定をわかりやすくする

　「今日の時間割はこうなっています」「この授業は，このような流れで行います」ということを，視覚的にカードや板書で示します。

　授業の見通しをもつことができるようになるので，子どもたちは安心して授業に向かうことができるようになります。

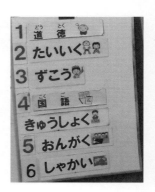

●学習環境をわかりやすくする

　「席を向かい合わせにしたら，話し合い活動」「席を離したら，テスト」のように，その学習活動に応じた机の配置をすることによっても，子どもたちが何を行えばいいのかをわかりやすくすることができます。

　同様に，理科室や家庭科室など特別教室を利用することも，場の構造化といえるでしょう。

仕事術 50 授業中の「方法」をわかりやすくする

●学習活動をわかりやすくする

例えば，授業中にプリント学習をする場面では，「プリントができたら，先生に見せる」というようなルールを決めておきます。それを，どの授業でも行うようにします。毎回，同じルールになっていれば，何をしたらよいかがわかりやすくなるので，子どもたちは学習の内容そのものに集中しやすくなります。

●授業の展開をわかりやすくする

特別支援学級では，子どもによっては45分という授業時間が長すぎるということもあります。

その場合は，45分を３つのブロックに分けて，15分程度でできる学習活動を３つ用意するという方法があります。

例えば，最初の15分は，身体を伴う活動的な学習活動。次の15分は，メインとなる学習活動。そして，最後の15分は，繰り返し定着を図る学習活動，のように授業を展開するのです。

15分程度の短い時間になれば，子どもも集中しやすくなります。また，文字の学習のような積み重ねの指導も，毎時間行うことができるようになります。

１・２年生の国語科授業の45分
①15分 「言葉かるた」で遊ぼう
②15分 「おおきなかぶ」のお話を読もう
③15分 ひらがなを書こう

小集団の授業で一人一人に応じる方法

3ステップで,
一人一人に応じた計画を立てる

　特別支援学級では,小集団の授業を行うことがあります。

　小集団だからとはいえ,授業において「一人一人に応じた授業」を実現することはそんなに簡単ではありません。

　「小集団の授業で一人一人に応じる方法」を,おなじみの「おおきなかぶ」の授業で考えてみましょう。

実践事例　小学校　国語科「お話のおもしろさや楽しさを味わおう」
【教材名】おおきなかぶ
【対象児童】3年生4名

●ステップ1
　子どもの実態と,学習指導要領解説で示されている学年・段階を対応させる

　「おおきなかぶ」は,国語科の小学校1年生の教科書に掲載されています。

　通常の学級では,国語科「読むこと」の1年生(学習指導要領解説では1・2年生)で示された目標に応じた教材となります。

　特別支援学級では,特別支援学校の学習指導要領を参考にできます。

　つまり,小学校1年生用の「おおきなかぶ」の目標が,特別支援学級の子

どもにとって難しい場合には，特別支援学校の学習指導要領に示された小学部の「段階」に応じた目標を新たに設定するのです。

　特別支援学校の学習指導要領では，小学部の段階として，３つの段階が設定されています。一番障害の程度が重い子どものためのものから【１段階】【２段階】【３段階】となっています。

　授業づくりの最初のステップは，授業に参加する子どもについて，国語科「読むこと」の実態を，小学校と特別支援学校の２つの学習指導要領及び解説をもとに調べることから始まります。

　ここでは，対象となる子どもの「読むこと」の実態を調べてみます。

児童名	国語科「読むこと」に関する学習段階
えいじさん	実際の学年は３年生。 「読むこと」は小学校１年生程度である。 （以下【小１段階】とする）
びいみさん	実際の学年は３年生。 「読むこと」は特別支援学校３段階程度である。 （以下【特学３段階】とする）
しいおさん	実際の学年は３年生。 「読むこと」は特別支援学校２段階程度である。 （以下【特学２段階】とする）
でいなさん	実際の学年は３年生。 「読むこと」は特別支援学校１段階程度である。 （以下【特学１段階】とする）

●ステップ２
それぞれの目標となる「思考力，判断力，表現力等」をチェックする

　それぞれの学習指導要領において，国語科「読むこと」の「思考力，判断力，表現力等」には，どのような記載があるのかを調べてみます。

児童名	「読むこと」の学習段階	目標となる思考力，判断力，表現力等（学習指導要領及び解説より抜粋）
えいじさん	【小１段階】	場面の様子に着目して，登場人物の行動を具体的に想像する。
びいみさん	【特学３段階】	登場人物の行動や場面の様子などを想像する。時間的な順序など内容の大体を捉える。
しいおさん	【特学２段階】	登場するものや動作などを思い浮かべる。時間の経過などの大体を捉える。
でいなさん	【特学１段階】	次の場面を楽しみにしたり，登場人物の動きなどを模倣したりする。

　それぞれの子どもの目標となる「思考力，判断力，表現力等」は，そのまま「個別の指導計画」の目標にもなります。

●ステップ3

「思考力，判断力，表現力等」を「おおきなかぶ」用にアレンジする

　ステップ2を参考にして，「おおきなかぶ」で，できそうな学習目標を考えます。

児童名	「読むこと」の学習段階	「おおきなかぶ」での学習目標
えいじさん	【小1段階】	登場人物について，何をしたのか，どのような表情・口調・様子だったのかなどを具体的にイメージしたり，行動の理由を想像したりする。
びいみさん	【特学3段階】	登場人物の表情や気持ち，場面の様子から時間的経過や場面の前後関係に気づくことができるようにする。
しいおさん	【特学2段階】	どんな登場人物が出てくるかを考えたり，場面の様子や登場人物の行動などからイメージしたことを言葉や動作で表そうとしたりする。
でいなさん	【特学1段階】	言葉のもつ音やリズム，言葉が表す動作を楽しみながら模倣する。

　この3つのステップで，「個に応じた」学習目標を具体化することができました。学習指導要領及び解説をもとに作成していますので，何もないところから構想するよりは，はるかに完成度が高くなります。

小集団の授業では，発問計画を立てる

　この３つのステップは，他の教科でも行うことができます。

　実際に授業を行うときの最大のポイントは，ステップ３で考えた個々の学習目標を，教師の「発問」として準備することです。つまり，「発問計画」です。

 えいじさん 【小１段階】		【えいじさんへの発問】 おばあさんは，どうして手伝ってくれたのかな？

　学習目標に「行動の理由を想像したりする」という文言がありました。えいじさんには，「おおきなかぶ」に出てくるおばあさんなどの登場人物の行動の理由を考えられるような発問をします。

 びいみさん 【特学３段階】		【びいみさんへの発問】 かぶが抜けなかったとき，おじいさんはどんな気持ちだったでしょうか？

　学習目標に「登場人物の表情や気持ち」という文言がありました。びいみさんには「どんな気持ち？」という発問をします。

しいおさん【特学2段階】		【しいおさんへの発問】おじいさんは誰を呼んできたのかな？

　学習目標に「どんな登場人物が出てくるか」という文言がありました。「おおきなかぶ」はいろいろな登場人物が出てきますので，この発問はしいおさんに対して行うようにします。

でいなさん【特学1段階】		【でいなさんへの発問】一緒に言ってみよう！うんとこしょ，どっこいしょ。

　発問ではないですが，でいなさんには「言葉のもつ音やリズムを模倣する」機会を意図的に設けていきます。

　このような発問計画を事前に作成しておくと，授業において，一人一人の学習目標へのアプローチが簡単になります。
　例えば，「おばあさんは，どうして手伝ってくれたのかな？」という発問をしたときに，4名の子ども全員が手を挙げたとしたら，計画通り「えいじさん」を指名すればよいのです。それは，えいじさんのために用意した発問だからです。

　このように，実態が異なる複数名の子どもを対象に，同じ題材を扱う小集団の一斉授業でも，「学習指導要領→個別の指導計画→発問計画」の順で授業を計画すると，一人一人に応じた授業が実現します。

トラブルに対応する方法

仕事術 53 想定外の事態は，できる限り事前に「回避」する

授業をスムーズに進めるためのポイントは，どれだけ想定外のトラブルに対応できるかだと思います。授業では，予想もしていなかったことがよく起きます。

●授業計画を立てておく

授業計画をしっかり立てておくことは，最もシンプルで，かつ最も有効な手段になります。

授業計画は，授業者にとっての「見通し」です。「見通し」があることで，途中で何かトラブルが起こったとしても，授業内容を部分的にカットしたり，代替手段を用いたりしやすくなります。

●スタッフ間で打ち合わせをする

特別支援学級では，他の担任，指導員，介助員等のスタッフとの協働によって，想定外の事態を防ぐことができます。

メインティーチャーは，この授業ではどのような意図をもって，どのように進行するのかということを，あらかじめスタッフに伝えておくと，スタッフが動きやすくなります。スタッフが動きやすくなることで，何かトラブルが発生したときに，対応がしやすくなります。

仕事術 54 トラブルを起こしていない子どもに配慮する

●**子どもがトラブルを起こしたときは**

特別支援学級では，多様なトラブルが考えられます。

例えば，子どもが心理的に不安定になってしまったり，授業中に友達とのトラブルを起こしてしまったりするような，突発的なトラブルがあります。また，おもらしやてんかん発作などの，身体的なトラブルもあります。

もちろん，トラブルを起こしてしまった子どもに対しては，個別に対応していかなければなりません。

しかし，ここで忘れてはいけないのは，トラブルを起こしていない子どもに対しても，配慮をすることです。言い換えれば，他の子どもたちの安全や学習の機会を確保することです。

どうしても，トラブルを起こしている子どもへの対応に全力を尽くしがちです。そうなると，その他の子どもに目が届きにくくなり，さらなる想定外の事態を招くことにもなりかねません。

【**授業中に何らかのトラブルが起きた場合の対応例**】

・まず，他の子どもたちにその場で待機するよう指示をしてから，トラブルを起こしている子どもの対応をする

・別の担任や管理職の先生にすぐに連絡し，応援をもらう

・複数のスタッフで授業を担当している場合は，トラブルを起こした子どもの担当と，他の子どもをみる担当などの役割分担をする

宿題を作成する方法

55 宿題は，ノートを活用できるようにする

　保護者から「宿題を出してほしい」と要望されることも多いのではないでしょうか。

　子どもの実態として，市販のドリルや問題集を宿題として出すことが難しいこともあります。なぜかというと，市販のものは，子どもにとってペースが速すぎるものが多いからです。定着する前に，先に進んでしまいがちです。

　繰り返しの学習をするために，その都度，教材集やプリントをコピーして，宿題としたくなります。しかし，そのための日々の手間もけっこうかかるものですし，なにより著作権的に心配です。

　そこで，おすすめなのが，ノートを使った宿題です。

　例えば，算数であれば，問題プリントを作成しておきます。そのプリントに書き込むのではなく，まず自分のノートに問題を書き写させます。そして，答えは自分で考えて，ノートに書くようにさせます。

　このような問題プリントを何種類か作成しておくと，繰り返し使用することができます。1冊の宿題冊子をつくるようにしてもよいでしょう。

1	2	3	4	5	6	7	8	9	10	+	−
2	+	2	=			4	+	5	=		
2	+	5	=			7	+	3	=		
3	+	6	=			6	+	5	=		
4	+	3	=			4	+	7	=		
2	+	8	=			5	+	5	=		
1	+	7	=			3	+	5	=		
6	+	2	=			2	+	6	=		

宿題は，般化と見通しの視点をもつ

　特別支援学級の子どもにとって，宿題というのはその内容以上に，「般化」や「見通し」の視点からも，とても大事な学習の機会のひとつだと考えられます。

●場の般化

　そもそも宿題は，学校で行うものではありません。だから宿題を「学校で学んだことを，他の場所でもできるかどうか試す」ものとして位置づけることができます。場が変わっても，学んだことができるかどうかは，ひとつの般化の姿です。

●人の般化

　宿題は，教師の直接的な指導下で行うものではありません。だから宿題を「先生がいないところでも学んだことができるかどうか試す」ものとして位置づけることもできます。人的環境が変わっても，学んだことができるかどうかもまた，ひとつの般化の姿です。

●見通し

　子どもに「見通し」の力をつけるという視点では，ひとりでできる内容や分量のものを用意したり，毎日継続的に行うことができるようにしたりするとよいでしょう。

　例えば，「土曜日，日曜日は遊びたいから，金曜日のうちに宿題を片づけておこう」というような意識が子どもに育ってきたら，これは「見通し」の力が育ってきたといえるでしょう。

切符を買えないと

　今から20年ほど前，私は特別支援学級で，知的障害のある子どもたちに，「どうやったら，自動券売機で切符を買えるようになるか」を真剣に教えていました。

　なぜ切符を買うことを教えていたか。「特別支援学級の子どもたちが，大人になったときに自立して，社会生活を送るためには，自分の力で職場に通うことが必要だ。だから，電車の切符を自分の力で買えるようにしなければならない」と，先輩の先生に教わっていたからです。

　自動券売機を段ボールでつくってみたりもしました。

　切符を買えるゲームを見つけて，パソコン室で行ったりもしました。

　あれから，20年。

　私が教えた子どもたちは，社会人としてがんばっています。

　しかし，世の中は，切符に頼らなくてもよくなってしまいました。電車もバスも，どこへ行くにも，カードでピッ！

　テレワークの時代もやってきました。もはや職場に行く，ということも常識ではなくなってきています。

　私が必死になって教えていた切符の買い方。いわゆるスキル（技能）獲得のための指導は，時代に翻弄されやすいですね。

　特別支援学級の子どもたちに，スキルを教えていくことは大事だと思います。しかし，スキル獲得だけに偏ると，時代の変化には対応できないことを忘れてはいけません。

　切符の買い方がわからなくても，「切符の買い方を教えてもらえるスキル」があれば，実はなんとかなるのかもしれません。

5章

特別活動の仕事術

- ■学校行事に参加する方法
- ■学級行事を開催する方法
- ■校外学習を行う方法
- ■宿泊活動を行う方法

学校行事に参加する方法

 参加しやすくするために 段階的・計画的な指導を考える

仕事術 **57**

●儀式的行事

　入学式，卒業式，始業式，終業式，全校朝会等が儀式的行事にあたります。学校行事の中でも，参加しなければならないものという色合いが濃いものです。

　しかし，これらに参加することに抵抗がある子どもがいます。

　そのような子どもには，いきなり集団の中に入れることを目指すのではなく，集団から離れた場所で参加することを目指すとよいでしょう。

　そして，少しずつスモールステップを用いながら，みんなの中に入れるようにしていきます。

●遠足・集団宿泊的行事

　遠足，修学旅行，野外活動，集団宿泊活動等においては，参加する子どもの心理的な不安や，安全面での配慮を考えていかなければなりません。

　行事に向けての長期的な計画を立てて，行事の本番に臨むとよいでしょう。

　例えば，宿泊活動で，交流学級の友達と同じ部屋で過ごす予定であれば，交流学級で過ごす時間を計画的に増やしていくことで，友達と一緒に過ごす経験を積み重ねていきます。

仕事術 58 状況によって柔軟な対応を行う

●文化的行事

学芸会，学習発表会，音楽会等が文化的行事にあたります。ある程度の準備期間を必要とするものです。

その準備期間を含めたうえで，特別支援学級として参加するのか，あるいは交流学級の一員として参加するのかを検討しなければなりません。

これは，学校の事情にもよるでしょう。

ある程度の人数がいる学級は特別支援学級として参加することができますが，人数が少ない学級は交流学級の一員として参加することが現実的だと考えられます。

●健康安全・体育的行事

運動会，球技大会等は，勝敗を左右するものがあります。

もちろん，勝敗にかかわらず，参加することに意義があるのは当然のことです。

しかし，特別支援学級の子どもの参加の仕方次第で，そのチームが負けるようなことがあると，感情的なしこりを残すことも，現実的にはありえます。

そのような子どもたちの心情を十分考慮したうえで，あらかじめ参加の仕方や事前指導を行っていくことが必要です。

例えば，ルールを弾力的に設定することや，勝敗をつけないエキシビションマッチを行うという方法も考えられます。

また，代表委員会などの議題として，子どもたちがルールを考えていくようにすると，学校全体の特別活動としての本質に迫ることができるでしょう。

学級行事を開催する方法

仕事術 59
学級行事は，
子どもが活躍できる場を設定する

　1年生を迎える会や，卒業生を送る会，お楽しみ会やお誕生日会といった行事を，特別支援学級だけで行うことがあります。

　また，学級単独で，宿泊活動のような大がかりな行事を行っているところもあるでしょう。本稿ではこれらを「学級行事」と呼びます。

　学級行事は，特別支援学級の中で慣れ親しんだ友達との関係の中で行うことができるところにメリットがあります。

　また，学習の面からみると，子どもが計画段階から参画したり，子どもの特性に応じて活躍できる場を設定したりすることができます。

　一方で，学級行事が多くなりすぎると，特別支援学級の子どもたちは，学校全体の行事と学級行事の，両方に参加することとなります。

　いつも行事に追われているという状況になりやすいです。

　子どもにとってだけでなく，特別支援学級担任にとっても，いつも行事に追われていると余裕がなくなってしまいます。

　そのような状況であれば，一度，行事全体を見直して，精選していくことも視野に入れるとよいでしょう。

仕事術 60 合同行事は，地域とのネットワーク構築を図る

　特別支援学級では，その地域の他の特別支援学級と一緒に行う行事があるところもあります。「合同行事」や「連合行事」などと呼ばれています。このような合同行事には，自分の学校だけではできないメリットもたくさんあります。

●地域レベルでの交流をすることができる

　合同での宿泊行事に向けて，一緒に行く学校の名前を確認したり，友達や先生の写真を交換したりする事前学習をすると，宿泊の本番で他の学校の友達とも仲よくなることにつながるでしょう。

　子どもたちは地域で成長します。上級学校へ進学したり，就職したりする段階になると，地域の中で，知っている仲間がいるということは，子どもたちの安心感にもつながります。

●担任間での情報交換ができる

　特に，初めて特別支援学級担任となった先生にとって，他の特別支援学級ではどのような指導をしているのかを実際に見ることはとても参考になります。

　よい取り組みは，お互いに共有していくと，地域の特別支援学級の質的な向上につながります。

●地域の特別支援教育の理解啓発を図る

　作品展などは，地域の一般の方にも公開するとよいでしょう。地域の方に，特別支援学級の子どもたちを知っていただく機会として，行事を位置づけることもできます。

校外学習を行う方法

仕事術 61 目的地への移動も，学習の機会にする

●列になって並んで歩く場面

　校外での移動の際は，安全面からも列になって歩くとよいです。しかし，特別支援学級には，これが難しい子どもがいます。

　列になって並んで歩くためには，人の動きに合わせて，自分の歩く速さを調整する力が必要です。その力が弱いため，列になって歩くことが難しいと考えられます。

　人の動きに合わせて，自分の動きを調整する力は，他の場面でも必要になることがあります。校外学習の際に，列になって並んで歩くことを学習として積み重ねていくとよいでしょう。

　先生と手をつないで歩く，友達同士で手をつなぐ，ひとりで歩くというようなスモールステップをしていくことができます。

●公共交通機関を使用する場面

　電車やバスなど公共交通機関の利用は，公共の場でのルールやマナーを身につける機会になります。

　事前に教室で，どのようなルールやマナーがあるのかを確認していきます。「電車の中では小さな声で話をする」など，具体的に理解していけるようにするとよいでしょう。

仕事術 62 事前に確認しておくべきポイントをおさえる

　校外学習を実施する際には，事前に目的地の様子を確認（一般的には「下見」といいますが，東京都などの学校では「実地踏査」（略して「実踏」）と呼ぶところもあります）することが必要です。

●トイレが最も大切

・トイレがどこにあるか
・トイレに紙が備えつけられているかどうか
・トイレは和式が洋式か。和式が使えない子どもがいたら，その対応も考えておきます
・トイレの数はいくつあるか。学級の人数に比べて，トイレの数が少ない場合は，時間差をつけて順番に入るなどの対応が必要です
・トイレに虫がいるかどうか。自然では，よくあります。虫が苦手な子どもがトイレができないといった状況になりやすいです

●療育手帳を使うかどうか

　療育手帳を持っている子どもの場合，入場料が必要な施設では，料金が割引になることがあります。それらの条件や手続きの方法等を確認しておくとよいでしょう。

　ただし，療育手帳を利用するかどうかは，別途検討が必要です。手続きが煩雑になることもありますし，子どもによって料金が変わることがデメリットとなる場合もあるでしょう。

宿泊活動を行う方法

仕事術 63　宿泊活動は，多様な配慮を想定しておく

●通常の学級の宿泊活動に参加する場合

　子どもが過ごす部屋をどうするのかを検討する必要があります。交流学級の子どもと一緒の部屋にしたり，あるいは特別支援学級の子どもだけの部屋を設けたり，ケースバイケースで考えていくことが必要でしょう。

　また，ハイキングなどは，通常の学級の歩くペースについていけないことも考えられます。子どもによっては，別コースを設定することが可能かどうか検討することになるかもしれません。

●合同行事としての宿泊活動に参加する場合

　地域の特別支援学級が何校か集まって，合同の宿泊活動を行うこともあります。この場合は，まとめ役の学校（チーフ校）に事務的な負担が大きくかかることになります。自分の学校のことだけではなく，他の学校の様子などにも気を配る必要があります。

●スタッフ総動員で宿泊活動を行う場合

　例えば，乳幼児を子育て中の先生もいるでしょう。そのような家庭でのケアが必要なスタッフへの負担を考えていくことも大切です。

●複数の宿泊活動を行う場合

　子どもによっては，年間に何回も宿泊活動を行うことになります。

　もちろん宿泊活動には子どもにとって学習上のメリットがたくさんありますが，参加することだけが目的にならないように気をつけたいものです。

仕事術 64　時代に応じた宿泊活動の目的を再確認する

　一昔前，特別支援学級での宿泊活動といえば，親元から離れ，身辺自立をするための訓練的な位置づけでした。

　宿泊活動の事前指導として，近所の銭湯に行き，体の洗い方を特訓するということもありました。熱心な学校になると，学校の中に，お風呂を設けているところもあるくらいでした。

　しかし，時代は変わり，特別支援学級にも多様な子どもが集まるようになってきました。特別支援学級の子どもに，体の洗い方の特訓が必要かというと，必ずしも宿泊活動での優先事項ではないかもしれません。

　子どもにとって，宿泊活動で必要な学びも変わってきたということです。

　令和２年度は，新型コロナウイルスによって，多くの学校で宿泊活動の中止を余儀なくされました。

　そこで，「毎年やっているものだから」ではなくて，宿泊活動や事前学習を行うことの意味を一度見直すとよいと思います。

　まず，「何のために宿泊活動を行うのか」ということを，学級の子どもの実態に応じて，検討していってほしいと思います。

リーダーシップ特別支援学級論

　特別支援学級は，地域の通常の学校に「併設」されています。

　「併設」，つまり学校の中での位置づけはメインではないということです。その是非はひとまず置いておいて，現実的に見ても，特別支援学級は，通常の学級のサブ的な位置づけになりがちです。

　行事の運営や，交流及び共同学習なども，基本的には通常の学級が主体となっていて，特別支援学級は「どうやって合わせていくか」を考えていくことが多いでしょう。サブ的な位置づけです。

　特別支援学級が，学校のリーダーとなることはできるのでしょうか？

　リーダーとは，周りに影響を与える人のことをいいます。そのような働きかけのことを，リーダーシップと呼びます。

　「周りに影響を与える」という点をよくよく考えてみると，特別支援学級が，学校の中でリーダーシップをとれる可能性は十二分にあります。

　そもそも，特別支援学級の設置の目的は何だったでしょうか？

　特別な支援が必要な子どもに，適切な支援を行って教育することが目的のはずです。

　つまり，特別支援教育のリーダー的存在とみることができます。特別支援学級の存在が，学校全体に特別支援教育を推進するという影響を与えることができるわけです。

　通常の学級と特別支援学級のどちらがメインとかサブとか，位置づけにこだわるのではなく，それぞれがリーダーシップを発揮して，「お互いによい影響を与え合う」学校になると素敵ですね。

6章

子ども理解の仕事術

■知的障害の子どもを指導・支援する方法
■社会性の困難がある子どもを指導・支援する方法
■行動面で課題のある子どもを指導・支援する方法
■学習面での困難が見られる子どもを指導・支援する方法
■過敏・鈍感な子どもを指導・支援する方法

知的障害の子どもを指導・支援する方法

 仕事術 **65** 知的障害の子どもには，
基本的に年齢相応のかかわりをする

　知的障害の子どもに対して「これはどうなのかな？」と思うような教師の
かかわり方があります。特別支援学級でよく見られる光景をいくつか挙げて
みましょう。

●**子どもの座席の横に，ぴったりと先生がつかなければならない？**

　授業中に，子どもの席の横に，先生が自分の椅子を持ってきて，寄り添っ
て座っていることがあります。少しでも子どもが，手いたずらや声を出そう
ものなら，すぐに静止が入ります。

　子どもに多動の傾向があり，すぐ離席してしまうというのであれば，先生
がそばについて離席を止めることは必要です。また，心理的な不安が強い子
どもで，先生がそばについていれば落ちついて授業に参加できるという場合
であれば，先生がそばについていることに意味はあるといえるでしょう。

　しかし，そのような必要性もないのに，「あの子どもは，そばについてい
ないといけない」という単なる思い込みであったり，ひどい場合には「授業
中に自分の居場所がないから，子どものそばに座っていよう」というような
先生自身の都合であったりすることもあります。

　子どもにとって必要なかかわり方を考えていきましょう。必要性がない支
援は，子どものためにはなりません。

●子どもと歩くときに，教師が手をつなぐことは必要か？

　歩くことを発達段階的に見ると，子どもはよちよち歩きの段階から，少しずつ自分の力で歩いていけるようになります。そして，だんだん心理的に，誰かと手をつないで歩くことを「恥ずかしい」と思うようになっていきます。

　しかし，知的障害の子どもの場合は，そのような心情が育っていかないことがあります。よく，身体の大きい高学年の男子が，女性の先生と手をつないで歩いているようなことも見られます。

　知的障害のある子どもにも，ある程度の年齢になったら，大人とベタベタしないように教えていくことが大切です。これは性犯罪等への予防的な指導にもなります。

　ただし，子どもによっては，身体の動きの困難によって，手をつないで歩かなければならない事情もあります。その場合は，同性の先生が対応するといった配慮が必要です。

　基本的に，知的障害の子どもには，場面に応じた「年齢相応のかかわり」を意識していくことが大切です。

　知的障害に配慮することと，知的障害のある子どもを低く見ることは，全く異なります。

●子どもの名前は呼び捨て？　「ちゃん」づけ？

　呼び捨てや「ちゃん」づけは，親しみをこめることができるという効果があるかもしれません。しかし，現在の学校教育では，子どもの人権を大切にするという観点から，学校全体で「さん」づけで呼ぶとしているところもあります。

　授業はもちろんのこと，学校はフォーマルな場だということを，知的障害の子どもに意識させていくには，呼称の問題は結構重要かもしれません。学校全体での人権教育の取り組みとあわせて考えていきたい問題です。

知的障害の子どもには，「言葉」を具体化していく

　知的障害のある子どもは，学校生活において言葉の理解が難しいため，困ってしまうことがあります。特に，抽象的な言葉の理解は難しい傾向があります。

　学校ではよく「生活目標」「保健目標」「給食目標」など，様々な「目標」を標語のようにして，校内のあちこちに掲示物として貼っています。

　写真は，「規則正しい生活をしましょう」という生活目標の掲示物です。

　「規則正しい生活」は，子どもたちの生活リズムを整える上では，とても大切な概念です。

　しかし，「規則正しい生活」は，抽象的な言葉であるともいえます。

　「規則正しい生活」とは，何のことなのか，「規則正しい生活」というのはどのようなことなのかは，具体的には明らかになっていません。

　このような言葉は，目標の掲示物だけではなく，教師の口頭での指示などにも普通に含まれています。

 友達と仲よくしなさい

もっと落ちつきましょう

　子どもの言葉の獲得を発達段階的に見てみます。

　幼いうちは「くるま」「みかん」など，具体的な言葉の獲得が中心です。そして，少しずつ「規則正しい生活」「仲よく」のような抽象的な言葉の獲得が始まってきます。ちょうど，それが小学生の時期です。

　だから，小学校において，このような抽象的な言葉を，日常生活の中で使っていくことは大切なのです。

　しかし，知的障害の子どもは，このような抽象的な言葉の理解が難しいのです。そもそも，このような抽象的な言葉の理解が難しいから，知的な障害があるといえるのかもしれません。

　知的障害の子どもには，なるべく具体的な言葉を添えていく支援が効果的です。

　例えば，「落ちついて学習しましょう」という生活目標があります。

　写真では，月目標として「落ちついて学習しましょう」という目標を掲げ，週目標として「チャイムの合図を守ろう」という具体的な目標を挙げています。

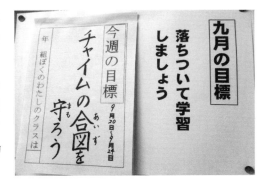

　「チャイムが鳴ったら遊びを止めて，席に座る」という具体的な指導が可能となります。このような具体性があると，知的障害の子どもにとっても，理解しやすくなります。

　週ごとに，具体例を変えていきます。そうすると，いくつかの「落ちついて学習する」ための具体例が積み重なり，抽象的な言葉の理解へとつながるようになります。

社会性の困難がある子どもを指導・支援する方法

仕事術 67
社会性の指導は，具体的な解決方法を導いていく

【社会性の困難がある子ども例】

・風邪をひいて学校を休んだ友達に向かって，「きっとコロナだから学校には来てほしくないね」と言ってしまう

・太っている人に会ったとき，「なんでそんなに太っているのですか？」と聞いてしまう

　このような子どもは，状況理解や他者の意図理解，行動のコントロールがうまくいかないことが多いと考えられます。学校では，いわゆる「空気が読めない」という扱いを受けやすいでしょう。

　このような子どもには，「誰かが風邪で休んだときは『お大事に』って言うんだよ」「人の身体のことは言ってはいけないんだよ。相手が傷つくからね」と，具体的にどのようにすればよいのか，どうしてそうしなければならないのかを，理由を示しながら教えるようにするとよいでしょう。

仕事術 68 子どものこだわりには，先生自身がこだわらないようにする

　何かに「こだわり」がある子ども。そのこだわりが，社会性と関係してくることもあります。ポイントは，先生自身が子どものこだわりにこだわらないことです。

●趣味に関するこだわり

　電車の駅名にこだわって，すべての駅名を覚えているというような子どもがいます。周囲からも「すごい！」と言われることが多いでしょう。いわゆる「○○博士」です。特に生活に影響がなければ，問題ないこだわりですし，探究的な学習につなげることもできます。

●食に関するこだわり

　「お菓子しか食べない」「ジュースしか飲まない」など，いわゆる偏食の子どもがいます。

　学校では食の大切さや，栄養などを学ぶ機会が多くあります。給食と関連させて指導を図っていくとよいでしょう。

●ネガティブなこだわり

　「自分ばかり叱られる」「ほめられたことがない」「どうせぼくなんか」というようなネガティブ発言を繰り返し，行動が後ろ向きになってしまう子どもがいます。これも一種のこだわりとして捉えていくと，指導のヒントが見えてきます。

　まず，先生自身がこのような言動に巻き込まれすぎないようにします。「そうやって気持ちを伝えてくれてうれしいよ」と発言内容とは別なところで，肯定的に子どもを認めていくとよいでしょう。

行動面で課題のある子どもを
指導・支援する方法

仕事術 69 行動面の指導は,「事前に確認する」ことを基本とする

【多動性・衝動性のある子ども例】

・座っていても絶えず身体のどこかが動いている

・おしゃべりが多い

・他者の発言を遮って話してしまうことがある

多動性・衝動性のある子どもたちは,その行動が目立つため,注意や叱責を受けることが多くなりがちです。そして,注意や叱責をされても,また同じことを繰り返してしまう傾向も見られます。

注意や叱責より有効な手段は,「事前に確認する」ことです。事前に確認しておけば,不適切な行動を防ぐことができるかもしれないからです。

例えば,不規則発言がある子どもには,「今から〇〇について話します。最後まで静かに聞いていましょう。先生が話し終わったら,質問する時間があります」というように,事前に「質問する時間がある」ことを確認したうえで,話をするのです。そして,静かに話を聞くことができたら,「最後まで静かに話を聞くことができましたね」とほめるようにします。

望ましい行動をほめ,少しずつ行動を整えていけるようにします。

感情面の指導は，まず気持ちを受け止める

【感情のコントロールの困難さがある子ども例】

・騒ぐ

・暴言を吐く

・物にあたる

・他者に危害を加える

「スイッチが入りやすい」「触らぬ神にたたりなし」といわれてしまうタイプです。他の友達から怖がられたり，避けられたりすることもあります。そのようなことが積み重なると，他者との人間関係の形成が難しくなってしまいます。

感情のコントロールの困難さがあるため，行動上の課題が見られる子どもは，まず本人の気持ちを受け止めてあげましょう。

そして，一緒に解決策を考えて，気持ちの切り替えを手伝っていくことが，支援のポイントです。

例えば，自分のやりたいことができず，カッとなってしまい，騒いでしまった子どもには，まず「仕方ないよね。でも大丈夫だよ」と，イライラの気持ちを否定せずに受け止めます。そのうえで「水を飲んでくる？」と気持ちを切り替えられるように促します。

感情が乱れてしまったときに，その状態から抜け出したり，回復したりする方法を，子ども自身が身につけていけるようにしていくとよいでしょう。

学習面での困難が見られる子どもを
指導・支援する方法

仕事術 71 学習面の指導は, 子どもの特性に応じた方法を考える

　学習面での困難が見られる子どもには, その子どもの特性に応じた指導方法を考えていきます。

　特性に応じるというのは, その子どもが得意としている方法を用いるということでもあります。

　例えば, 「かけ算九九」がなかなか覚えられない子どもについて, 特性に応じた指導法がどのようになるのかを見ていきましょう。

●聴覚的な指導法（耳から学ぶ）

　先生と一緒に, 「にさんがろく」と九九を復唱する, ひとりで暗唱する, 「かけ算九九の歌」を歌うなど, 音声言語を使った方法をとります。

●視覚的な指導法（目から学ぶ）

　$2 \times 3 =$ というかけ算カードを使うなど, 見ながら覚える方法をとります。

●運動感覚的な指導法（身体から学ぶ）

　お手本をもとにノートに書く, ドリルを使うなど, 書くという動作を使った方法をとります。

仕事術 72 高次脳機能障害の子どもには, 気持ちと結びつけた方法を考える

> 【高次脳機能障害の子ども例】
> ・昨日までできていたことができない
> ・同じことを何回も言ったり, 聞いたりする
> ・通い慣れた学校の登下校でも, 迷子になる
> ・簡単な劇のセリフが覚えられない

ケガや病気により, 脳に損傷を負ってしまった子どもに, 上記のような症状が見られると「高次脳機能障害」と呼ばれることがあります。

もともと通常の学級に在籍していた子どもでも, 特別支援学級に転学してくることがあります。

このような子どもは, 知的障害の子どもと同じような状態が見られます。しかし, 知的障害の子どもはゆっくりでも, 少しずつ学習が積み上がっていくのですが, 高次脳機能障害の子どもはなかなか積み上がっていかないのが特徴です。

機械的に何かを覚えることは苦手です。エピソードと関連させて覚えるようにすると, 記憶に残りやすくなることがあります。実際に何かを体験する中で, 言葉を覚えていけるようにするとよいでしょう。

したがって, 気持ちと結びつけた学習を進めていくようにすることが大切です。

どんな子どもでも「おもしろい」「わかる」と思える授業は, 記憶に残りやすいものです。特にこのような子どもには, 授業を楽しくする工夫が必要となってきます。

過敏・鈍感な子どもを
指導・支援する方法

仕事術 73 過敏さのある子どもと,
乗り越えるためのアイデアを一緒に考える

　感覚が人一倍過敏な人が話題になっています。HSP（ハイリー・センシティブ・パーソン）ともいわれています。これは,病名や診断名というわけではなく,心理学的,社会的な見方のひとつです。

　過敏さのある子どもにとって,学校は,非常に刺激の強い場です。子どもによっては,「とても耐えきれない」という刺激があるかもしれません。

【過敏さのある子ども例】

・リコーダーの甲高い音に耐えられない→聴覚の過敏さ

・他の人が触ったものに触るのは気持ち悪い→触覚の過敏さ

・本当はやりたいことがあるけれど,友達の視線が気になって,譲ってしまう→人の気持ちへの過敏さ

　過敏さのある子どもには,その刺激に慣れさせるというよりも,「こうすれば乗り越えられる」というアイデアを一緒に考えていくことがポイントです。嫌な刺激を乗り越えるのは,とても勇気のいることです。だから,うまくいったときは,ともに喜んだり,価値づけしたりして,「乗り越えられた!」というプラスの感情をもてるようにするとよいでしょう。

仕事術 74　鈍感さのある子どもには，いろいろな感覚を総合的に活用できるようにする

　過敏さで困る子どもがいる一方で，感覚の「鈍感さ」で困ることのある子どももいます。

【鈍感さのある子ども例】

・遊びの呼びかけの声を聞き逃してしまい，仲間に入れない
　　→聴覚の鈍感さ
・身体の痛みに気がつかず，病院で手当てを受けるのが遅れてしまう
　　→触覚の鈍感さ
・本当なら「いじめ」とみなされるような行為を受けていても，それに
　気づかない→人の気持ちへの鈍感さ

　鈍感さのある子どもは，ある意味で，物事にいちいち大きく反応するのではなく，どんとかまえていられるといった感じにも見られます。「大物感」が漂います。

　また，人の目などを気にすることなく，自分のことや，自分のやりたいことに集中できるというポジティブな点もあります。

　しかし，「遊びの呼びかけの声を聞き逃してしまい，仲間に入れない」というように，結果的には，本人の不利益につながることがあります。この場合は，聴覚だけでなく，周りの様子を「見て」判断するというような視覚による判断ができるようにします。

　つまり，特定の感覚だけに頼るのではなく，視覚，聴覚，触覚などの，いろいろな感覚を総合的に活用して，周囲や自分自身の状況を把握できるようにしていくとよいでしょう。

面談３時間から学ぶ

　先日，久しぶりに会った先生が，こんなことを言っていました。

「うちのクラスに大変な保護者がいるんですよ。この前なんか，３時間も面談したんですよ！」

　３時間の保護者面談。

　それはそれは，おつかれさまでした。

　まあ，現実はこのようですので，学校での働き方改革もなかなか難しいところがあります。

　面談といえば，カウンセリングの世界では「枠」という概念を大切にしています。例えば，時間の「枠」。「今回の面談は〇時〇分から，〇時〇分まで」という時間の「枠」を設けて面談するのがセオリーです。

　学校という場は，特に時間の「枠」に無頓着な世界かもしれません。授業はいつも延長する，下校時刻になっても子どもは帰らない，会議は平気で延びる……。

　だから，学校でも「枠」を意識しましょう……と，言いたいところですが，それがなかなか難しいのが，学校の仕事の特徴なのかもしれません。

「仕事術」もそうです。きめられた「仕事術」という枠に頼っていては，学校の「仕事術」としては役に立ちません。

　３時間面談をした先生，そのような経験の中から「自分に合った仕事術」を生み出していくことの方が大切だと思います。

7 章

学級経営の仕事術

■教室環境を整備する方法
■スタッフ間で情報共有する方法
■保護者とつながる方法
■おたよりを作成する方法
■転学に対応する方法
■関係諸機関とつながる方法
■SC・SSW とよりよい関係をつくる方法
■子どもの情報を管理する方法
■入学・卒業に対応する方法

教室環境を整備する方法

教育環境は「この教室で勉強したい！」
と思えるようにする

何のために掲示物を教室に貼るのでしょうか。

それは必要な情報にアクセスしやすくするためだと思います。

だから，教室環境を整備する視点では，子どもが必要な情報にアクセスしやすくするために，どこを見たら自分のほしい情報が手に入るのかをわかりやすくするのが効果的といえます。

また，掲示物には子どもの学習を情意的に促進する働きもあります。「掲示物は子どもの刺激物になるから貼らない方がよい」という意見を聞くこともあります。しかし，掲示物が全くないのは非常に殺風景です。情意的な面から見て，子どもの学習する環境として適切といえるのか疑問です。

いずれにせよ，子どもが「この教室で勉強したい！」と思えるような教育環境を整える工夫が必要なのではないでしょうか。

例えば，子どもの学習の成果物や，生活のめあてなどを掲示しておくと，「自分はこれをがんばるんだ！」という気持ちを促進できます。

仕事術 76 学習が進みやすい机の配置にする

　子どもの机の並べ方は，学習を促進するための環境づくりとして考えていきたいところです。

●文字の見え方への配慮

　端の座席の子どもは，黒板の文字をちゃんと見ることができているでしょうか？一度，子どもの目線から，確認してみることをおすすめします。

　板書の文字，教師が提示する資料，教師の表情等，子どもによっては正面から見ないと認識しにくい場合があります。正面から見ることができるように，なるべく，教室の中央に机を集める方がよいでしょう。

●教師の目が届きやすいか

　ポイントは教師の視野と移動距離です。特に，集団での学習場面で，個別の指導をしているときに，目が届かない子どもが出てきてしまうことがあります。基本的には，なるべくコンパクトに机を配置できるようにするとよいでしょう。５人程度であれば，前に３人，後ろに２人というような配置にすると教師の目が届きやすくなります。

　また，座席の移動が頻繁に行われるのであれば，机の並べ方を掲示しておくと，子どももわかりやすくなります。

スタッフ間で情報共有する方法

 ## スタッフ間の情報共有のために
「学級運営マニュアル」を作成する

　特別支援学級の学級運営には，複数の担任，非常勤講師や介助員・補助員といった多くのスタッフがかかわっていることが多いでしょう。チームでの学級運営は，「共通理解をどのように図るか」が，仕事術のポイントとなります。以下のような事項について，「学級運営マニュアル」を作成しておくとよいでしょう。

子どもの担当者 （担任）	学習面や生活面で担当者が変わることがある場合は，それぞれの場面における担当者をまとめておくとよい。
教室	教室が複数ある場合は，それぞれの用途についてまとめておくとよい。また，廊下の掲示物の担当なども決めておくとよい。
校務分掌	学校全体の校務分掌と，学級での担当がリンクしているとよい。（例えば，体育部に所属している教師は，体育科の授業を担当する等）
地域の仕事	地域の特別支援学級間での仕事分担をまとめておくとよい。
事務分担	教科書係，名簿係，会計，非常勤スタッフとの連絡調整係，PTA担当等の他，「集金袋をつくる係」のような細かい仕事分担も決めておくとよい。
行事関係	学校行事だけでなく，通常の学級の学年行事（遠足や社会科見学等）への参加の有無や，引率者等をまとめておく。
学級だより作成	誰が，いつつくるのかをまとめておく。
クラブ・委員会	それぞれの子どもの担当者をまとめておく。
登下校状況	ひとりで登下校する子ども，送迎が必要な子どもについて，それぞれまとめておく。
出張について	あらかじめ，出張がわかっている場合は，共通理解しておくと担任不在の際の態勢がとりやすくなる。

仕事術 78 スタッフ間の情報共有のために，打ち合わせの時間設定を工夫する

　スタッフ間で，事務的な打ち合わせをするだけではなく，子どもたちの状況や様子等についても，こまめに情報共有しておくとよいでしょう。

　例えば，「今日，この子どもは体調が優れないようだから，無理をさせないでおこう」「この子どもは縄とびができるようになったようだ。休み時間に見てあげよう」といった情報を共有することで，子どもへの指導や支援が充実してきます。

　とはいえ，学校現場はとても忙しく，なかなかスタッフ同士での打ち合わせを行うことは難しいというのが実情ではないでしょうか。

　スタッフ間の打ち合わせに複数の方法を用いることが，忙しい現場では現実的でしょう。

【スタッフの打ち合わせの方法例】
・朝8時30分から，5分間だけ，スタッフの打ち合わせの時間をつくる。その時間は，子どもを1か所に集め安全管理を図る
・事務的なミーティングは，1か月に1回くらいにして，見通しをもつ
・オンライン会議を取り入れる
・全員集まれなくても，ちょっとしたときに話をする

　特に，非常勤のスタッフとの打ち合わせについては，立場的にも常勤教員である担任が配慮する必要があります。時間的に厳しいようであれば，例えば，非常勤のスタッフ用にレターケースを用意しておき，その中にいろいろなおたよりや連絡事項などを入れておくようにするとよいでしょう。

保護者とつながる方法

仕事術 79 学年はじめの保護者会は, 前向きなあいさつをする

 特別支援学級は初めてですので, 何もわかりませんが……

　学年はじめの保護者会。よくある特別支援学級担任の自己紹介のあいさつです。

　初めて特別支援学級担任となって, 最初の保護者会で不安な気持ちでいっぱいなのは, もちろん理解できます。本人にしてみれば, 謙虚さが伝わればよいくらいの気持ちかもしれません。

　しかし, ここは保護者の立場になって, 考えてみましょう。

　特別支援学級に子どもを通わせる保護者の方こそ, 新年度は不安な気持ちでいっぱいで保護者会に臨んでいます。担任の先生からこのようなあいさつをされたら, ますます不安になってしまうかもしれません。

　人は, 第一印象が大切です。

　保護者会では堂々と, 前向きなあいさつをするとよいでしょう。保護者会での, 担任の第一印象が後々まで影響を及ぼすことも考えられます。

　「この先生に子どもを任せたい」「安心して学校に通わせられる」と, 保護者に思ってもらえるようにすることが, 学年最初の保護者会の目標だと思います。

仕事術 80 保護者とつながるために，連絡帳を工夫する

　特別支援学級では，学校であったことを家庭で話すことが難しい子どももいます。このような子どもの保護者からすれば，子どもが学校でどのような様子であったのかを知る機会がありません。

　特別支援学級では，通常の学級と比べて，保護者との連絡を密に行う必要があります。その際，「連絡帳」が担任と保護者をつなぐ重要なアイテムとなります。

●連絡帳をいつ書くか

　なるべくなら1日の終わりの方に書く時間を設けたいところです。しかし，子どもの下校時刻間際に，教師が連絡帳を書いていると，そのために，子どもが帰るのが遅くなってしまいがちです。そのような状況は好ましいものではありません。

　現実的には，給食や昼休みの時間あたりが，書くのに最も適した時間だと思います。

　一方で，短時間で連絡帳を書く能力も，特別支援学級担任には必要です。そのためには，なんといっても子どもをしっかりと観察していなければなりません。

●筆記具は何を使うか

　赤鉛筆や赤ペンで書く先生がたまにいます。しかし，読み手である保護者の立場になってみれば，まるで添削されているような気持ちにさせてしまう可能性があります。黒や青などのペンが無難でしょう。

おたよりを作成する方法

仕事術 81　学級だよりは，家庭が見通しをもてるようにする

　一般的に学級だよりでは，学校での子どもの様子，教師の所感，学習予定，持ち物等について記載することが多いでしょう。最近では，カラーの学級だよりもよく見られます。

　保護者の立場から考えてみましょう。おそらく，知りたいニーズが高いのは，学校の予定ではないでしょうか。急に「明日はお弁当を持ってきてください」と言われても困るからです。

12月	1校時	2校時	3校時	4校時	5校時	6校時	下校 ③④は3年生 ④は4年生	持ち物その他
16(月)	国語	音楽	算数	道徳	総合	クラブ	③14:20 ④15:15	体操着・うわばき
17(火)	外国語	体育(内)跳び箱	図工 絵の色塗り・輪投げ等		理科	理科	③15:15 ④15:30	
			4年生：社会科見学					
18(水)	生単 お楽しみ会準備	国語	算数	生単 発表のリハーサル	生単 カレンダーづくり		③14:05 ④14:05	
19(木)	音楽	生単 お楽しみ会準備			国語 お楽しみ会の作文		③15:15 ④15:15	
20(金)	国語	体育(内)跳び箱	算数	国語	社会	総合	③14:20 ④15:15	手さげ袋

　最近は，放課後等デイサービス等を利用している子どもも増えてきています。これらの事業所にとっても，学校の予定が早めにわかるとありがたいでしょう。

　子どものためにと思うならば，「子どもの周りにいる人たちを動きやすくする」ことが，特別支援学級担任としての仕事術のポイントになります。

　情報発信の大原則は，受け取る相手が「知りたい！」と思う情報を，タイムリーに発信することです。

保護者向け「学級ガイド」を作成する

　学校は，登校時刻や持ち物等，細かいルールが定められています。また，特別支援学級独自のルールもあるでしょう。

　特別支援学級の子どもが，登校時刻や持ち物等の学校のルールを守っていくためには，保護者の協力が必要不可欠です。

　学級のルールを一覧にした「学級ガイド」のようなものがあると，保護者も学級のルールに対しての理解が進むようになるでしょう。

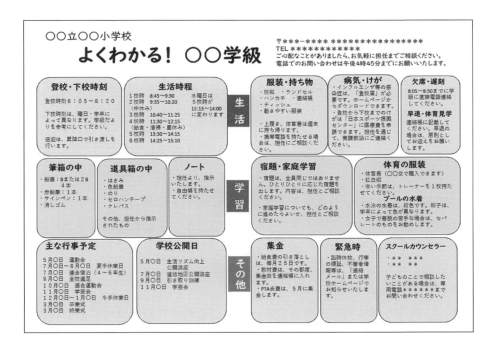

〇〇立〇〇小学校
よくわかる！　〇〇学級

〒***-**** ***************
TEL *************
ご心配なことがありましたら，お気軽に担任までご相談ください。
電話でのお問い合わせは午後4時45分までにお願いいたします。

生活

登校・下校時刻
登校時刻8:05～8:20
下校時刻は，曜日・学年によって異なります。学級だよりを参考にしてください。
送迎は，昇降口で引き渡しを行います。

生活時程
1校時　8:45～9:30
2校時　9:35～10:20
　（中休み）
3校時　10:40～11:25
4校時　11:30～12:15
　（給食・清掃・昼休み）
5校時　13:30～14:15
6校時　14:25～15:10
水曜日は5校時が13:15～14:00に変わります

服装・持ち物
・校帽　・ランドセル
・ハンカチ　・連絡帳
・ティッシュ
・動きやすい服装
・上履き，体育着は週末に持ち帰ります。
・携帯電話を持たせる場合は，担任にご相談ください。

病気・けが
・インフルエンザ等の感染症は，「登校届」が必要です。ホームページからダウンロードできます。
・登校から下校までのけがは「日本スポーツ振興センター」に医療費を申請できます。担任を通じて，養護教諭にご連絡ください。

欠席・遅刻
8:05～8:30までに学級に直接電話連絡をしてください。

早退・体育見学
連絡帳に記載してください。早退の場合は，原則としてお迎えをお願いします。

学習

筆箱の中
・鉛筆：Bまたは2B　4本
・赤鉛筆：1本
・サインペン：1本
・消しゴム

道具箱の中
・はさみ
・色鉛筆
・のり
・セロハンテープ
・クレパス
その他，担任から指示されたもの

ノート
・担任より，指示いたします。
・自由帳を持たせてください。

宿題・家庭学習
・宿題は，全員同じではありません。ひとりひとりに応じた宿題を出します。内容は，担任とご相談ください。
・家庭学習についても，どのように進めたらよいか，担任とご相談ください。

体育の服装
・体育着（〇〇色）半袖
・紅白帽
・寒い季節は，トレーナーを1枚持たせてください。
プールの水着
・水泳の水着は，紺色です。学年によって色が異なります。帽子は，女子で着脱の苦手な場合は，セパレートのものをお勧めします。

その他

主な行事予定
5月〇日　運動会
7月〇日～8月〇日　夏季休業日
7月〇日　連合宿泊（4～6年生）
9月〇日　全校遠足
10月〇日　運動会
11月〇日　学芸会
12月〇日～1月〇日　冬季休業日
3月〇日　卒業式
3月〇日　終業式

学校公開日
5月〇日　生活リズム向上公開講座
7月〇日　道徳地区公開講座
9月〇日　引き取り訓練
11月〇日　学芸会

集金
・給食費の引き落としは，毎月25日です。
・教材費は，その都度，集金袋を連絡帳に入れてください。
・PTA会費は，5月に集金します。

緊急時
・臨時休校，行事の順延，不審者情報等は，「連絡メール」または学校ホームページでお知らせいたします。

スクールカウンセラー
・***　****
・***　****
子どものことで相談したいことがある場合は，専用電話*****までお問い合わせください。

転学に対応する方法

仕事術 83
転学対応は，子ども，保護者，
これまでの担任，それぞれを支援する

●特別支援学級への転学を希望するパターン

・通常の学級の子どもです
・授業についていくことが，難しくなってき
　ています。授業中は暗い顔をしています
・登校を渋ることも増えてきました
・本人も，保護者も，特別支援学級に転学す
　ることを望んでいます

　特別支援学級に転学を希望する場合は，子どもと保護者が，まずは特別支援学級を見学したり，体験入学をしたりして，少しずつ特別支援学級に慣れていくようにするとよいでしょう。

　保護者に対しては，特別支援学級での学習や生活の進め方について，説明していくことが必要です。

　また，スムーズな転学となるよう，例えばこれまでのクラスでお別れ会をしたり，友達と楽しく遊ぶ時間をつくったり，担任の先生とゆっくり話をしたりする時間をつくってもらうように，これまでの担任の先生にアドバイスするとよいでしょう。

転学対応は，保護者の気持ちに寄り添う

●**特別支援学校への転学を希望するパターン**

・特別支援学級の子どもです

・入学時より他者との意思疎通が難しく，自傷行為も頻繁に起こしていました

・保護者は「通常の子どもたちと一緒に学ばせたい」という願いがあり，特別支援学級に入学させましたが，数年間過ごしてみて，「やはり，特別支援学校の方が子どもに合っている」と，転学を希望しています

　この場合も，先ほどのパターンと同様に，見学や体験入学といった流れが必要となります。

　一番配慮したいのは，保護者の気持ちに寄り添うことです。このケースのように，「通常の子どもたちと一緒に学ばせたい」という保護者の思いは十分に理解できます。

　保護者自身にとっても「転学」です。これまでの，地元の学校コミュニティから離れることになるのです。不安なことですし，パワーのいることです。

　「これからもずっと自分の学校だと思ってくださいね」というような担任の言葉かけは，保護者の心を温めます。

関係諸機関とつながる方法

 関係諸機関とつながり，子どもの情報を
収集して，指導や支援の質を高める

　特別支援学級では，関係諸機関との「連携」が重要です。連携するために
は，まずは情報をお互いに交換できるようになることです。情報交換には，
相手に応じた仕事術が必要です。

●医療機関からの情報収集

　保護者を通じてやりとりすることが多いでしょう。保護者から，医療機関
でどのような診断を受けたか，医師からどのようなことを言われたかという
ことを聴き取っていきましょう。

　何らかの事情で，直接，学校と医療機関でやりとりすることも考えられま
す。その場合は，管理職やスクールカウンセラーが窓口になることも考えら
れます。

●学童保育・放課後等デイサービス等からの情報収集

　学童保育や放課後等デイサービスから見て，学校というのは「高い壁」で
す。だから，特別支援学級担任から，積極的に学童保育や放課後等デイサー
ビスの担当者に声をかけていくとよいでしょう。

　担当者同士が顔見知りになっておくだけでも，いざというときに連携が図
りやすくなります。

関係諸機関には，先方が動きやすくなる ような正確な情報を提供する

　学校から情報提供を行う場合には，数値や行為の主語を明確にしておくと，より正確に情報が伝わりやすくなります。

> 【数値や行為の主語を明確にする例】
> ・数値の明確化
> 　「しばしば，たまに」→「週３回」
> ・主語の明確化
> 　「家で暴力を振るわれている」→「家で父親に暴力を振るわれている」

●医療機関への情報提供

　保護者を通じてやりとりすることが多いので，保護者が医師に対して，学校での様子を正確に伝えることができるように上記のような伝え方が必要です。言葉だけでは難しいようであれば，子どもと保護者の同意を得たうえで，学校で撮影した動画を医師に見てもらうことも考えられます。

●児童相談所等との連携

　特別支援学級の子どもの場合，親の要求に応えられなかったり，親の手を大きく煩わせるような行動をとったりすることは，虐待につながる可能性もあると考えられます。

　虐待を発見したときは，児童相談所等との連携が必要となってきます。

　子どもが正確に証言できないこともあるでしょう。日頃から子どもの正確な情報を記録し，備えておくとよいでしょう。

SC・SSW とよりよい関係をつくる方法

仕事術 87 スクールカウンセラー（SC）には, 気軽に学級に立ち寄ってもらう

●保護者と SC のかかわり

SC は心理のプロです。

特別支援学級の場合は, SC を利用するのは保護者の方が多いかと思います。

特別支援学級に在籍する子どもの保護者は, それなりに子育てに苦労している傾向があります。

子育てに関する悩みなどを聞いてもらうことが, 保護者自身の日々の子育ての充実にもつながっていく可能性があります。

ですので, 保護者に SC を積極的に紹介していくとよいでしょう。

●特別支援学級担任と SC のかかわり

SC による子どもの心理的な見立てを学んでいくと, 特別支援学級担任としてのスキルアップにつながります。

子どもを理解するうえで必要なことは, 多様な見方ができるようになることです。SC の見立てを, 特別支援学級担任は勉強の機会にしていくことができます。

そのために SC には, 定期的に特別支援学級を訪問してもらい, 子どもたちの様子を見てもらえるとよいでしょう。

仕事術 88 スクールソーシャルワーカー（SSW）とは 家庭の情報交換を綿密にする

●保護者とSSWのかかわり

SSWは，福祉の専門職です。学校における家庭や保護者支援のプロです。保護者対応で苦労する教師にとって，とても心強い専門家です。

具体的な依頼事項として，SSWに，不登校傾向の子どもの登校支援をお願いすることがあります。特別支援学級の子どもでも，そのようなケースはあると思います。

子どもが学校に登校できない。その大きな原因が，家庭にあるのであれば，家庭を含めてサポートしていくのがSSWの専門的な仕事となります。

●特別支援学級担任とSSWのかかわり

SSWとは，家庭に関する情報共有をして，連携を図っていくとよいでしょう。

しかし，不登校傾向の子どもの例でいえば，その子どもが登校できない原因が「授業がつまらないから」「学級がつまらないから」というように学校にある場合だってあります。そのような場合，SSWは学校と家庭の板ばさみにあい，困ってしまいます。

おそらく，SSWは管理職に相談することになると思います。

管理職から，授業改善なり，学級経営の改善なりの指導があった場合は，そのような背景によることもありますので，ここは真摯に受け止めて改善を図っていかなければなりません。

SSWは保護者の声の代弁者でもあるのです。

子どもの情報を管理する方法

仕事術 89　　子どもの情報を，一覧にしてまとめる

　特別支援学級担任は，子どもたちの障害の程度や特性，配慮するべきこと等，いろいろな情報をもとに教育活動にあたります。

　そのような子どもの情報の管理では，必要なときに取り出せるようにしておくことが大切です。

　子どもの情報は，日々更新されます。情報はその都度，五月雨式に入ってくるものです。そのため，子どもたちの情報を一覧にしてまとめておき，適宜更新していくとよいでしょう。どこを見たら子どもの情報がわかるかがスムーズになり，いざというときに役立ちます。

【一覧にしてまとめておくと便利な情報】

・診断名（障害，病気）

・検査結果のデータ（検査名，IQ，検査の実施日時）

・療育手帳取得の有無

・通学経路

・子どもの写真を学級だよりなどの配布物に載せてよいかどうかの同意の有無

・アレルギー

情報管理の方法を適切に定める

　個人情報の管理を適切に行うこと，これはもはや常識です。

　前ページで挙げた情報の他にも，いろいろな個人情報を扱います。適切に管理する方法をあらかじめ定めておかないと，紛失等の服務事故にもつながりかねません。

　まずは，紙媒体の書類についてです。子どもごとに，個別のファイルをつくっておくと，資料などを1つにまとめておくことができて便利です。この場合は，カギのかかるロッカー等で保管しておくことが求められます。

【紙媒体で管理しなければならない子どもの個人情報：例】

・個別の指導計画

・個別の教育支援計画

・就学前の機関から送られてきた引き継ぎの書類

・検査結果

・診断書　　　　　　　　　　　　　　　　　　等

　次に，電子データについてです。こちらについては，自治体や学校で定められたセキュリティの方針に従うことが必要です。

　可能であれば，紙媒体の書類も，電子データにして保存しておくことが考えられます。その方が管理しやすく，必要なときに取り出しやすくなります。

　また，子どもが転校や進学する際に，これらの情報の引き継ぎの方法をどのようにするか，学校間で打ち合わせていくとよいでしょう。

入学・卒業に対応する方法

仕事術 91 入学対応は，必要であれば保護者と面談をする

　小学校入学に際して大切なことは，特に配慮が必要な子どもについて，保育園や幼稚園あるいは就学時の相談機関より送られてきた引き継ぎ情報を確認していくことです。

　もし必要があれば，入学前に保護者と面談をして，具体的にどのような配慮が必要なのかを確認しておくとよいでしょう。

【入学前に確認しておいた方がよいケース：例】

・低身長の子ども

　→学校のトイレや手洗い場の高さに届かない子どもの場合は，踏み台を用意する

・入学式が不安な子ども

　→入学式直前に，同じ会場で，リハーサルをしておく

　また，入学前の情報に，過度に振り回されないことも必要かもしれません。子どもは成長する存在です。小学生になった途端に，ずいぶん成長したということも，実際にはよくあることです。

卒業対応は，
卒業学年に手厚く対応できる体制を整える

●卒業行事はなるべく通常の学級と一緒に行う

　謝恩会や卒業遠足，学校生活を振り返る学習活動など，卒業に向けた行事や学習活動は，なるべく通常の学級と一緒に行うとよいでしょう。逆算して考えれば，6年生でこのような活動があることを見通したうえで，下学年から交流及び共同学習を進めていくことが必要です。

●特別支援学級だけの卒業イベントも用意する

　通常の学級と一緒の行事だけでなく，特別支援学級として卒業生を送り出す行事も考えられます。

　特別支援学級だけで行う行事には，保護者も参加できるようにするとよいです。子どもたちもそうですが，保護者も，卒業生としての子どもの姿を見ることで，より一層成長を感じられるようになるでしょう。

●卒業学年を担任する教師への配慮

　これは，特別支援学級内での仕事分担の話です。卒業学年の担任は，卒業に向けた様々な仕事に忙殺されがちです。

　卒業学年の担任だけに過重な負担がかからないように，卒業や年度末に向けた仕事をどのように分担していくかという体制づくりを整えておくことが大切です。

教育は先生のオモチャではない！

　特別支援学級の子どもたちがよく言うことを聞くのをよいことに，高圧的に指示を出す先生がいます。子どもたちが自分の指示通りに動くことに一種の快感を味わう先生もいます。

　子どもが指示通りに動くことは大切です。しかし，このことに自覚的でないと，先生の人間性はだんだんと独善的になりがちです。

　特別支援学級に限らず学校では，事務的な仕事が多くあります。誰かがやらねばならぬことです。事務的な仕事が得意な先生は，職員間で高い評価を得ることができます。これもまた，一種の自己実現です。

　しかし，校内の政治ばかりに目を向けるようになると危険信号です。仕事で評価されてふくれあがった万能感が，校内の立場の弱い先生に向けて発揮されると最悪です。一時，問題になった「教師いじめ」は，その成れの果てでしょう。

　人間関係が得意でない先生は，校内の同僚との関係に不全感を抱きがちです。それでも教育に対するパワーがある先生は，学校外部に同業者コミュニティをもつことがあります。SNSで教育論を展開することもできます。これもまた自己実現の方法です。

　もちろん，学校外部に目を向け，「学び続ける教師」であることは素敵なことです。しかし，それが単に自己承認欲求を満たすためだけだと，趣味で教育を語る人たちとかわりありません。SNS上の言葉は，意図せずにときには不特定多数への攻撃に変わることもあります。

　教育は先生のオモチャではありません。

8章

特別支援学級 ならではの仕事術

■特別支援学級が忘れられないための方法
■地域にある他の特別支援学級とつながる方法
■特別支援学級の理解を進める方法
■研究会に参加する方法

特別支援学級が忘れられないための方法

仕事術 **93** 忘れられる「あるある」に負けない！

【特別支援学級が忘れられる「あるある」例】
・学年行事の変更の連絡がこない
・プリントの枚数が特別支援学級の人数分たりない
・校内全体の保護者会において，特別支援学級の子どもの名簿が用意されていない

　思わず「あるある！」と膝をたたいた特別支援学級担任の先生方も多いのではないでしょうか。

　学校は，学年単位で動いたり，子どもを管理したりすることが多いので，意図せず特別支援学級が忘れられてしまうことがあります。

　そのような経験が積み重なると，「学校の中で大切にされていない」「放っておかれている」と，存在を否定されているかのように感じる特別支援学級担任もいます。

　しかし，それでは何も解決しません。そして，それをすべて通常の学級のせいにしてはいけません。「同じ学校の一部」と考えるならば，特別支援学級側でも，忘れられない工夫をしていくことが仕事術として大切です。

特別支援学級側から，「聖域」をつくらない

●特別支援学級専用の職員室は必要？

学校によっては，特別支援学級だけ独立した専用の職員室を設けていることがあります。

たしかに教室のそばに職員室があると便利なのですが，専用の職員室は「聖域化」の象徴ともいえます。そこで勤務時間のほとんどを過ごすことになると，通常の学級の先生と交流を図ることが難しくなります。顔を合わせなければ，結果的に「忘れられてしまう」ことにもつながります。

職員室は，通常の学級の先生と同じにする方がよいでしょう。

「心配な子どもがいて，安全管理上，常に目を離せない。だから教室のそばに専用の職員室が必要だ」という反論がありそうです。しかし，「子どもがいる時間は教室にいる」という基本中の基本を守ればよいだけの話です。

●校務分掌は免除される？

学校によっては，特別支援学級担任は，校務分掌を免除されているケースもあると聞きます。これもまた，特別支援学級の「聖域化」の象徴といえます。

特別支援学級の担任も，「特別支援学級のため」だけでなく「学校全体のため」になるような仕事を担うべきと考えます。また，特に若手の先生方は，校務分掌から学校の仕事の基本を学ぶことも多いです。

学校の教師同士で協働する機会がないと，本当に「忘れられた存在」になってしまいがちです。

地域にある他の特別支援学級とつながる方法

仕事術 95 地域にある他の特別支援学級と, お互いに授業参観の機会をつくる

同じ地域に他の特別支援学級がある場合は, 担任間の連携を図ったり, 仕事分担をしたりすることがあります。

> 【地域の特別支援学級と連携する仕事：例】
> ・連合・合同行事の運営に関すること
> ・就学相談に関すること
> ・研究会に関すること　　　　　　　等

このような連携や仕事分担を行っていく中で, 特別支援学級担任同士のネットワークが築かれていきます。その中で, 特別支援学級に関する情報交換も進みます。

おすすめは, 地域の特別支援学級で, 相互に授業参観の機会を設けることです。

他の特別支援学級が, どのように授業を進めているのか, どのような子どもたちがいるのかということは, 自分の学校の特別支援学級の運営においても, とても参考になります。

特に, 特別支援学級の経験が少ない先生方にとっては, いろいろな実践を知ることになり, とても勉強になるでしょう。

仕事術 96

地域にある他の特別支援学級の初任者教師，主任級教師とのネットワークを構築する

●初任者の先生のネットワーク構築

　初任者の先生が，特別支援学級担任として配属されるケースも多いと思います。自分が育った学校に特別支援学級が設置されていなかったら，特別支援学級の存在すら知らない状態で配属となるかもしれません。採用されて，いきなり特別支援学級の配属となった場合，不安だったり，心細かったりすることもあると思います。

　地域の特別支援学級の初任者の先生同士のネットワークは，同じような立場を経験しているため，共感し合えることも多いでしょう。本人たちのメンタルヘルスを維持向上していくためにも，今後の教師人生を歩んでいくうえでも，非常に貴重なネットワーク，人的資源となる可能性があります。

●主任級の先生のネットワーク構築

　特別支援学級の主任の先生方のネットワークも，構築していくとよいでしょう。

　このネットワークは，地域の特別支援学級に同じような課題が見られる場合に効果を発揮します。課題や改善策をまとめて整理すると，管理職や行政に相談しやすくなるでしょう。

　また，教育課程編成の時期になると，他の特別支援学級での実践的な取り組みなどが参考になることがあります。特に初めて主任となった先生にとっては，このようなネットワークが貴重な存在となるでしょう。

特別支援学級の理解を進める方法

仕事術 97 特別支援学級の理解は，子どもにとって
楽しい交流体験をもとに進める

【通常の学級と，特別支援学級の子どもたちの交流の場面例】

・日常生活の中で　　・「交流及び共同学習」で

・行事の場面で　　　・クラブ活動や委員会活動で

・地域の活動で

　通常の学級の子どもに，特別支援学級の理解を進めるためには，「とにか
く一緒に何か活動することが大事」と思われるかもしれません。

　しかし，ポイントは，そのふれあいの場面が，子どもにとって楽しい体験
となるかどうかです。

【交流体験と子どもたちの感情】

・不快な交流体験は，否定的な感情を生む

・快い交流体験は，肯定的な感情を生む

　「とにかく一緒に何か活動する」を配慮なく行うと，否定的な感情を生む
ことにもなりかねません。肯定的な感情をもてるように活動を計画していく
ことが，特別支援学級の理解につながっていくでしょう。

仕事術 98 大人への特別支援学級の理解は, 「見てもらうこと」プラス「説明をする」

　大人の場合は, 「見てもらうこと」だけでなく, きちんと「説明をする」場を設けることがポイントになります。

　「知らない」ということが, 心理的に遠ざける原因になります。

【校内の教師への理解を進める方法：例】
・授業を参観する
・職員会議等で, 校長または特別支援学級担任から説明を受ける

　同じ校内の通常の学級や専科の先生方にも, 特別支援学級でどのような教育活動を行っているのかを理解してもらう必要があります。

　実際に授業を見てもらうことが, 校内の先生方に特別支援学級を知っていただくために一番手っ取り早いかもしれません。校内研修会等で特別支援学級の授業公開をしていくとよいでしょう。

【保護者への理解を進める方法】
・学校説明会で, 校長または特別支援学級担任から説明をする
・行事にて特別支援学級の子どもの様子を参観する機会を設ける
・PTA 活動で情報交換できるようにする

　例えば, 新年度に入学する子どもの保護者を対象に, 「学校説明会」が開かれると思います。この学校説明会において, 特別支援学級の紹介を簡単でもよいので行っていくとよいでしょう。

研究会に参加する方法

 校内研究会は，特別支援学級も参加できる
方法を探っていく

　校内における研究会は，基本的には通常の学級をメインに設定されます。特別支援学級はどのように参加すればよいでしょうか。

●研究テーマが，特別支援学級でもできる場合

　この場合は，特別支援学級も，校内の研究会において授業を公開し，研究テーマに沿った研究を進めていくことになるでしょう。

　特別支援学級での実践が，通常の学級の支援が必要な子どもへの指導のヒントとなることもたくさんあります。もちろん，通常の学級で行われていることを，特別支援学級担任が学ぶことも大切です。

●研究テーマが，特別支援学級では難しい場合

　同じ研究テーマで取り組むことが難しい場合もあります。何かしらの方法で，特別支援学級も参加できる方法をつくっていくことが大切です。例えば，「公開授業」という位置づけで，特別支援学級の授業公開の場を別途設定していくとよいでしょう。

　そもそも，校内研究会は，「その学校全体の教育活動をより充実させていく」ことが目的です。特別支援学級を含んだうえでの研究テーマ設定が本来は望まれます。

特別支援教育の研究に
積極的に取り組んでいく

仕事術 100

特別支援学級担任としての授業力を高めていくためには，やはり特別支援教育の研究に積極的に取り組んでいくしかありません。

●特別支援学級担任が参加できる研究会・研修等

【地域の学校で行う特別支援学級研究会】

このような研究会があると，共通の視点で協議もしやすくなります。

【自治体が開催する特別支援教育研修会】

指導主事や大学教員等の講師から，最新の情報を得られることがあります。

【特別支援学校免許取得のための講習会】

特別支援学級担任も，特別支援学校免許を取得することが推奨されています。

【教職大学院での長期研修】

より高度な専門性を身につけるためには，教職大学院にて学ぶことも視野に入れるとよいでしょう。

【学会への参加】

日本 LD 学会，日本特殊教育学会，日本授業 UD 学会などは，特別支援学級担任も参加しやすい学会です。毎年，全国大会が開催されています。

Column
高校に特別支援学級はできるのか

　特別支援学級は，小学校，中学校に設置されています。中学校の特別支援学級を卒業した子どもたちの多くは，特別支援学校の高等部に進学しています。

　「高校にも特別支援学級があったら，いいのになあ」

　これは，子どもからも保護者からもよく聞かれる声です。

　高校の特別支援学級。これは今後できるのでしょうか？

　このような意見があります。

　「高校は，入学試験がネックになる。だから，高校の特別支援学級をつくることは難しい」

　確かに，入試は大きなポイントです。

　しかし，入試のような制度は，変えることだってできます。高校の特別支援教育が推進されること，インクルーシブ教育が具現化されること，知的障害のある子どもの学びの場の選択肢が増えることなどのメリットが多く認識されていけば，今後，高校の特別支援学級ができる可能性がないとは言いきれません。

　特別支援学級ではないですが，知的障害のある生徒を普通科の高校で受け入れる取り組みもあります。例えば，神奈川県では公立高校の普通科に，知的障害のある生徒が別枠で受験して入学するような制度もあります。（インクルーシブ教育実践推進校での取り組み）

　高校の特別支援学級は，令和時代の特別支援教育で浮上してくるテーマかもしれません。

　もし，高校の特別支援学級が実現したら，次は大学も？

終章

令和時代の特別支援学級

■特別支援学級のカリキュラム・マネジメント
■特別支援学級の子どもたちの資質・能力の育成
■特別支援学級のインクルーシブデザイン
■特別支援学級の組織マネジメント

特別支援学級の
カリキュラム・マネジメント

●特別支援学級の方針やコンセプトを明確に

　あなたの特別支援学級は，どのようなカリキュラム（本書では，「教育課程」と「カリキュラム」という言葉を，ほぼ同じ意味で使っています。便宜上，1章では「教育課程」，本章では「カリキュラム」という用語を使用します）になっているでしょうか。

　私の特別支援学級は，教科の学習を中心に進めています。
　通常の学級と同じ教科書を使って授業をしています。

　私の特別支援学級は，生活単元学習を中心にして，子どもたちの生活に根差した，体験的な学習活動を多く取り入れています。

　特別支援学級によって，「子どもたちが何を学ぶのか」というカリキュラムは，大きく異なっています。

　どのようなカリキュラムが正しいとか，間違っているとかいうことではありません。上の2つの例のように，まずは「何を大切にしているのか」という特別支援学級で目指す方針やコンセプトが明確になっていることが，カリキュラムの基盤です。

　今の時代は，特別支援学級でも「カリキュラム・マネジメント」が求められています。

●今いる子どもたち，先生方のために

　多くの特別支援学級担任は，先輩の先生の授業の進め方を見たり，教わったりしながら「特別支援学級の授業はこうやってやるんだ」と学んでいきます。

　そして，今度は後輩の先生に授業の進め方を伝えていきます。いわば「伝統芸スタイル」が見られます。

　この学級では，昔からこのようにやっています。
　だから，この学級のやり方に合わせてください。

　子どもや先生の実態を無視して，無理やり伝統芸スタイルに合わせなければならない。これはよくあることです。何のための特別支援学級でしょうか。これでは，特に，子どもたちの多様性に応じることはできません。

　伝統芸スタイルを否定するわけではないですが，スタイルにこだわりすぎると，いろいろな問題が起こりやすくなります。

　今の学級の子どもたちについてこう考えました。
　こう試してみましたら，こうなりました。
　これまでの学級の在り方を見直して，これからはこうしようと思います。

　学級の方針やコンセプトは一度つくり上げたら，もうそれでよいというわけではありません。

　大切なのは，今いる子どもたちのために，そして先生方が働きやすくなるために，「カリキュラム・マネジメント」をすることです。

特別支援学級の子どもたちの
資質・能力の育成

●教科学習のカギは，各教科の「見方・考え方」

知的障害のある子どもは，「学習によって得た知識や技能が断片的になりやすく，実際の生活の場で応用されにくい」といわれています。国語科や算数科の知識や技能を教えることに，意味はあるのでしょうか？

生活単元学習こそ，知的障害の子どもの学びに合っていると思います。社会科や理科は，子どもの実態に合わないからやらなくていいのではないでしょうか。

これまで特別支援学級では，このような考え方が一般的だったことがあります。

しかし，令和の時代。子どもたちをとりまく環境も変わり，また，以前よりも多様な子どもたちが特別支援学級に在籍するようになってきました。

そのような中で，現行の学習指導要領では，各教科等の「見方・考え方」が示されています。この，各教科等の「見方・考え方」は，知識や技能のみに偏らずに，その教科で学ぶことの本質を言い表しています。

たしかに知的障害の子どもにとって，国語科や算数科などの教科学習で教える知識や技能は断片的になりやすいことがあります。それを解決，克服するのが，各教科等の「見方・考え方」です。特別支援学級の授業づくりの重要な概念となります。

●特別支援学級では，学び方の般化を目指す

　「実際の生活の場で応用されにくい」ということについては，もう少し検討していかなければなりません。

　例えば，ひらがなを書くことが難しいひばりさんという子どもがいます。先生は，ひばりさんに，易しい文字から少しずつ練習していく方法を行いました。いわゆる「スモールステップ」の技法です。その結果，ひばりさんは，ひらがなが書けるようになってきました。

 ひばりさんは，難しいことも，簡単なことから練習すれば，できるようになるんだね！

　先生は，ひらがなが書けるようになったことだけではなく，「どうやったらできるようになったか」についてひばりさんと学習の振り返りを行いました。

　家に帰ったひばりさんは，お母さんにこんなことを言いました。

 あのね，ぼくは，できないことがあってもね，簡単なことから練習すればできるようになるんだよ。

　「ひらがなを習得できた」という結果だけでなく，ひばりさんは「できないことを，どうやったらできるようになるのか」を理解しました。

　このようになっていくと「実際の生活の場で応用されにくい」ことは克服していくことができます。

　つまり，教科学習で学ぶことは，ただの知識や技能のみではないのです。子どもたちの資質・能力の育成を図るための手段ともいえます。

特別支援学級のインクルーシブデザイン

●授業のユニバーサルデザインから授業のインクルーシブデザインへ

　平成の時代，ユニバーサルデザインという概念が学校現場でも浸透してきました。

　授業の予定やねらいを示したり，発問や発言を視覚化したり，特に通常の学級において様々な実践が行われてきました。

　特別支援学級では，授業のユニバーサルデザインをさらに一歩進めた「授業のインクルーシブデザイン」を進めていくことが，これからの時代の課題になってくるでしょう。

　筆者は，「授業のインクルーシブデザイン」について，「授業のユニバーサルデザイン，個別最適な学び，合理的配慮を一体的に捉えた授業デザイン」と考えています。

　そもそも，インクルーシブデザインとは，障害のある人がともに設計段階からかかわってデザインをしていくという考え方があります。「障害のある子どもが授業の設計にかかわる」ためには，先ほどのひらがなが書けるようになったひばりさんのように，学び方が自分のものになっていくようにすることが必要です。

　これが，令和の時代の特別支援学級の授業スタイルです。

特別支援学級の授業づくり

授業のユニバーサルデザイン	個別最適な学び	合理的配慮

授業のインクルーシブデザイン

●授業のインクルーシブデザインとは

　「授業のユニバーサルデザイン」は，特別支援教育の手法を通常の学級の教科学習に導入し，「より多くの子どもたちにとってわかりやすい授業」を目指すものです。

　例えば，フォントやレイアウト等をわかりやすくした教材の作成や，より授業のねらいを達成しやすくなる発問の工夫，刺激物を整理した教室の環境調整，山場を設ける授業の構造化等，様々な実践研究が，各学校で積み重ねられてきました。

　これらの実践研究からたどりついたことは，「そもそも，授業で何を学ぶのか」という授業の本質的な部分を避けては通れないことです。「ユニバーサル」という言葉が，「普遍的」という意味をもつことからも明白です。

　したがって，「授業のユニバーサルデザイン」を実現するためには，学習指導要領という我が国の教育が目指している本質的なものを，授業者が深く理解することが求められるわけです。

　「個別最適な学び」は，令和2年の中央教育審議会の「『令和の日本型学校教育』の構築を目指して〜全ての子供たちの可能性を引き出す，個別最適な学びと，協働的な学びの実現〜（中間まとめ）」で登場したキーワードです。そこでは，「指導の個別化」と「学習の個性化」を学習者側の視点から整理した概念とされています。

　ひらがなが書けるようになったひばりさんを例にすると，ひばりさんにスモールステップでひらがなを指導していこうとするのが「指導の個別化」です。ひばりさんの先生は，「ひばりさんにはスモールステップの指導が有効なのではないか」という実態把握をもとにして，そのような指導を計画したのです。

　したがって，「指導の個別化」は，まず子どもの実態を適切に把握することがベースとなります。特に「どうやったらできるようになるか」という視点での実態把握です。言い換えれば，子どもの「強み」への理解といえます。

「学習の個性化」は，一人一人の子どもに応じた学習活動を提供することです。特別支援学級では，ひらがなの習得のような基礎的な技能習得だけではなく，子どもの生活に基づいた生活単元学習という授業があります。生活単元学習は，子どもたちが主体的に学習活動を進めていけるようにする時間です。つまり，子どもの「強み」を活用した「学習の個性化」を推進する授業と位置づけることができます。

　こう考えると，「個別最適な学び」も，特別支援学級では一日の長があります。「個別最適な学び」が実現できるような，教育課程，年間指導計画，個別の指導計画を定めていくことが求められます。

　「合理的配慮」は，学校教育だけに求められているものではありません。ですので，学校現場では，多少，解釈に混乱が見られています。

　筆者は，「授業時における合理的配慮」を，その授業時間内では解決が「そもそも無理」なことに対して行われるものと説明しています。

　例えば，学校では，ひらがながまだ書けない子どもにも，作文や日記を書かせなければならない授業場面があるでしょう。その授業中に，「ひらがなを書けるようになる」ということを子どもに求めるのは，「そもそも無理」です。おそらく多くの場合，子どもがなぞり書きや視写できるように，先生方は配慮するでしょう。そのような「そもそも無理」なことに対して行われる配慮が，「合理的配慮」といえます。「合理的配慮」もまた，子どもの実態を適切に把握することがベースとなります。特に，どうやったら子どもがその場で困らなくてすむかという視点での実態把握ですから，子どもの「弱み」への理解が必要となります。

　先ほどの「個別最適な学び」が子どもの「強み」にターゲットを絞ったものだとすれば，「合理的配慮」は子どもの「弱み」にターゲットを絞った支援といえます。

授業のインクルーシブデザイン

サブとなる概念	コンセプト	授業改善における 具体策	教師に求められる 資質・能力
授業のユニバーサルデザイン	より多くの子どもたちにとってわかりやすい授業	教材，発問， 環境調整， 指導案等	学習指導要領の理解
個別最適な学び	指導の個別化 学習の個性化	教育課程， 年間指導計画， 個別の指導計画等	子どもの特性の 「強み」への理解
合理的配慮	教育活動や内容を適切に変更・調整	個別の配慮	子どもの特性の 「弱み」への理解

　授業のユニバーサルデザイン，個別最適な学び，合理的配慮の3つの要素をあわせて学級の方針やカリキュラムを定めたり，授業づくりをしたりしていくと，多様な子どもたちに対して，本質的な学びを保障できるようになるでしょう。これが「授業のインクルーシブデザイン」です。

　特別支援学級は，授業のインクルーシブデザインの実現可能性に一番近いところに存在しています。

　先ほどの，ひらがなが書けるようになったひばりさんのいる特別支援学級では，スモールステップの技法を他の学習活動でも取り入れていくでしょう。そうなってくると，この学級の教育課程は，ひばりさんを包摂（インクルード）したものであるといえます。

特別支援学級の組織マネジメント

●特別支援学級をアセスメントする

　日々の学校での授業で，とても苦労している子どもたちがいます。

　例えば，文章を「読む」，文字を「書く」ということが難しい子ども。このような子どもは，「教科書を読んで内容を理解する」「文字で書いて考えたことを伝える」という学習活動が困難になります。そうすると，授業についていけなくなります。

　このような子どもたちを，「学習障害（LD）」と呼ぶことがあります。

　日々の学級経営で，とても苦労している特別支援学級があります。

　例えば，「子どもの指導がうまくいかずトラブルが多発する」「担任間の意思疎通ができていないため無駄が多い」「保護者からも信頼されずにクレームが多い」というようなことが日常茶飯事になると，結果的に教育活動が困難になります。

　このような学習障害の子どもと，学級経営が安定していない特別支援学級。もしかしたら，問題解決の考え方は同じなのかもしれません。障害のある子どもには，努力だけを求めても改善に結びつきません。同様に，安定していない特別支援学級もまた，ただ努力だけを求めてもうまくはいかないでしょう。

　障害のある子どもへの指導で，まず大切なのは，実態を丁寧にアセスメントすることです。

　特別支援学級も同じです。その学級の実態を的確にアセスメントしていくと，解決への糸口が見えてくるでしょう。

●特別支援学級の学級経営のカギは「仕事術」

 新規採用教員です。子どものために一生懸命に仕事をがんばる気はあります。でも，どのように子どもにかかわったらよいかわからないのです。

 昨年までは，通常の学級の担任をしていました。特別支援学級の授業が何をねらっているのか，よく理解できません。

 学級主任を任されています。難しいのは，複数の担任による学級経営です。大人同士の関係がうまくいかず，悩んでいます。

　実は，このような先生方の声は，今に始まったことではありません。何十年も前から，特別支援学級の難しさとして，繰り返し語られてきていることです。

　特別支援学級は，学級ごとに特徴やカリキュラムが大きく異なります。だから，他の学校の実践事例のみを真似していてもうまくいきません。だからといって，抽象的な概念だけでも不十分です。

　やはり，必要なのは「仕事術」です。「仕事術」とは，言い換えれば，「小さな的を絞った行動術」といえるかもしれません。

　アセスメントした学級の実態に応じて，小さな的を絞った行動をすれば，持続的で大きな改善を生み出すこともあり得ます。そうすると，安定した学級経営が実現するのです。

　それは，学級経営の要因となる要素が変わっても，同じことです。

おわりに

　筆者は，少年時代にファミコンに夢中になっていた世代です。
初めて購入したファミコンソフトは「スーパーマリオブラザーズ」。

「マリオよ，なぜ，その穴に落ちる！」
「マリオよ，なぜ，そのカメを跳び越せない！」

　日夜研究を重ね，Ｂダッシュ（Ｂボタンを押しながら走ると速くなる）や，
上のブロックを壊して進むといった攻略法を自分のものにしていきました。
　ゲームの攻略法は，原理的には，本書でご紹介した「仕事術」と同じだと
思います。つまり，やってみて自分のものにしていく。でも，それだけでは，
自分が知っているだけの「マル秘テクニック」になってしまいます。

「マリオが穴に落ちないためには，Ｂダッシュするといいよ」
「カメを跳び越すには，上のブロックを壊して進むんだよ」

　これらは，たしか友達から教えてもらったと記憶しています（当時は，学
校ではゲームの話でもちきりでした）。それを，家に帰って実践したところ，
うまくクリアすることができました。
　そうです。「マル秘テクニック」は，言葉にすることで人に伝えることが
できますし，攻略法として共有することができるのです。

　「特別支援学級担任の仕事術」をカッコよく言い換えるならば，特別支援
学級における理論と実践の融合なのではないかと思います。
　筆者は，現在，教職大学院に勤務しています。将来，教職を目指す大学院
生や，現職教員の大学院生に対して，子どもの理解や支援についての「理

論」を教えています。

　このベースとなるのは，学校現場で特別支援学級担任として18年間勤務した経験です。筆者は，特別支援教育を実務として実践してきました。実践から得た知見は，マル秘テクニックとして隠しもっていました。それを，今，言葉にして，教職大学院の後進に伝えています。

　マル秘テクニックは，言葉になって，初めて「仕事術」となり得ます。本書の刊行にあたり，特別支援学級のマル秘テクニックを，仕事術として読者のみなさまにお伝えすることができました。

　さて，マリオのようなゲームの世界は，誰がやっても同じように攻略できます。しかし，ゲームと特別支援学級は大きく異なります。「はじめに」でも述べましたが，特別支援学級は，その多様性を見逃してはなりません。

　ある特別支援学級でうまくいった方法が，違う特別支援学級では通用しない，ということはよくあることです。筆者も，学校を異動するたびに，この壁にぶつかってきました。

　「マリオが穴に落ちないためには，Ｂダッシュ」のようにきまったテクニックを身につけているだけでは，とても特別支援学級の仕事術にはなり得ないことを最後に申し上げておきます。

　本書の100の仕事術をベースにして，それぞれの特別支援学級の実態に応じて，新たな「仕事術」を見つけていってほしいと思います。そのような「仕事術」が集まっていくと，特別支援学級の発展に大きく貢献すると信じています。

　本書の出版にあたり，企画・構想段階からご指導・ご支援いただきました明治図書出版の茅野様に，心より感謝申し上げます。

参考文献

・増田謙太郎　著『特別支援教育コーディネーターの仕事術100』明治図書
　2020年
・丹野哲也，武富博文　編著『知的障害教育におけるカリキュラム・マネジ
　メント』東洋館出版社　2018年
・光元聰江，岡本淑明　編著『外国人・特別支援　児童・生徒を教えるため
　のリライト教材　改定2版』ふくろう出版　2016年
・増田謙太郎　著『「音楽」のユニバーサルデザイン　授業づくりをチェン
　ジする15のポイント』明治図書　2019年
・佐藤翔　著『指導スキルから面白アイデアまで　小学校家庭科の授業づく
　りテキスト』明治図書　2020年
・増田謙太郎　著『「特別の教科　道徳」のユニバーサルデザイン　授業づ
　くりをチェンジする15のポイント』明治図書　2018年
・武富博文，松見和樹　編著『知的障害教育におけるアクティブ・ラーニン
　グ』東洋館出版社　2017年
・鴨下賢一　編著／立石加奈子，中島そのみ　著『苦手が「できる」にかわ
　る！　発達が気になる子への生活動作の教え方』中央法規　2013年
・武富博文，増田謙太郎　編著『特別支援学級・特別支援学校　新学習指導
　要領を踏まえた「学習評価」の工夫　育成を目指す資質・能力の3つの柱
　を3観点で見取るアイディア』ジアース教育新社　2020年
・池畑美恵子　著『感覚と運動の高次化理論からみた発達支援の展開　子ど
　もを見る眼・発達を整理する視点』学苑社　2020年
・平岩幹男　著『自閉症スペクトラム障害　療育と対応を考える』岩波書店
　2012年
・栗本啓司　著『感覚過敏は治りますか？』花風社　2018年

・宇野宏幸，一般社団法人日本 LD 学会第29回大会実行委員会　編著『学び
　をめぐる多様性と授業・学校づくり』金子書房　2020年
・高橋正尚，小藤俊樹　著『成功事例に学ぶカリキュラム・マネジメントの
　進め方』教育開発研究所　2019年
・佐藤学，秋田喜代美，志水宏吉，小玉重夫，北村友人　編『学びとカリキ
　ュラム（岩波講座　教育　変革への展望　第5巻)』岩波書店　2017年
・国立教育政策研究所　編『資質・能力　理論編（国研ライブラリー)』東
　洋館出版社　2016年
・ジュリア・カセム，平井康之，塩瀬隆之，森下静香　編著『インクルーシ
　ブデザイン　社会の課題を解決する参加型デザイン』学芸出版社　2014年
・井坂智博　著『SDGs 時代の課題解決法　インクルーシブデザイン』日経
　BP　2019年
・ピーター・M・センゲ　著／枝廣淳子，小田理一郎，中小路佳代子　訳
　『学習する組織　システム思考で未来を創造する』英治出版　2011年

【著者紹介】
増田　謙太郎（ますだ　けんたろう）
東京学芸大学教職大学院准教授。
東京都町田市出身。東京都公立小学校教諭（特別支援学級担任），東京都北区教育委員会指導主事を経て，現職。専門はインクルーシブ教育，特別支援教育。
【著書】
『「特別の教科　道徳」のユニバーサルデザイン　授業づくりをチェンジする15のポイント』（明治図書）
『「音楽」のユニバーサルデザイン　授業づくりをチェンジする15のポイント』（明治図書）
『特別支援教育コーディネーターの仕事術100』（明治図書）

特別支援学級担任の仕事術100

2021年7月初版第1刷刊　Ⓒ著　者　増　田　謙　太　郎
2023年6月初版第4刷刊　　発行者　藤　原　光　政
　　　　　　　　　　　　　発行所　明治図書出版株式会社
　　　　　　　　　　　　　http://www.meijitosho.co.jp
　　　　　　　　　　（企画）茅野　現　（校正）嵯峨裕子
　　　　　　　〒114-0023　　東京都北区滝野川7-46-1
　　　　　　　振替00160-5-151318　電話03(5907)6702
　　　　　　　　　　　　　ご注文窓口　電話03(5907)6668
＊検印省略　　　　　　組版所　長野印刷商工株式会社

Printed in Japan　　　　　　　ISBN978-4-18-385717-0
もれなくクーポンがもらえる！読者アンケートはこちらから